ANDALUSIEN

Näherungen an ein altes,
Fragmente über ein erwachendes Land

ROLF LEGLER

DA Verlag Das Andere

ANDALUSIEN

ROLF
LEGLER

›Mezquita‹ von Thomas Weil

Weil 76

Einführung

Im vergangenen Jahrzehnt entwickelte sich im Reisejournalismus eine doppelte Tendenz: einerseits wurde mit dem sogenannten Massentourismus ins Gericht gegangen, indem man auf die oft verheerenden Folgen für die Infrastruktur der jeweiligen Gastregion hinwies, andererseits wurde den Kulturreisenden vorgeworfen, sie interessierten sich nur für die Schönheiten und Kunstschätze, nicht aber für die Menschen und deren Probleme.

Die Veranstalter von Kultur- und Studienreisen und die Produzenten der einschlägigen Magazine und Reiseführer reagierten auf diese Kritik, indem sie die Bilder von den landschaftlichen oder kunsthistorischen Hauptattraktionen eines Landes, einer Region oder einer Stadt auf den Titelseiten ihrer Bücher und Prospekte prompt durch neue, nunmehr menschliche Markenzeichen ersetzten. Im Falle von Andalusien zieren nun Fotos von Flamenco-Tänzerinnen die Umschläge, nicht mehr die Löwen der Alhambra.

Hat man dadurch aber nicht nur ein Klischee durch ein anderes ersetzt? Hat man dabei nicht übersehen, daß die Interessen der Journalisten nicht notwendigerweise identisch sind mit denen der Touristikindustrie und des Buchhandels? Vor allem aber wurde der eigentlich Betroffene, der Reisende, nicht gefragt. Daß durch allzu einseitige Rücksichtnahme auf berechtigte journalistische Anliegen wie Kritik, Hinweis auf Mißstände oder Aufklärung über aktuelle Probleme da und dort das Kind mit dem Bade ausgeschüttet wurde, ist nicht von der Hand zu weisen. Kritik und Aktualität allein sind jedenfalls noch keine Garantie für Objektivität.

Moderne »Carmen«, Andalusierin in Festtagstracht

Noch 1990 wurde von einem führenden Spanienkenner moniert, das von der staatlichen Fremdenverkehrswerbung propagierte Spanienbild sei rein andalusisch bestimmt. Mit seinen Bildern von Flamenco-Tänzern, Corridas und Zigeunerromantik aber sei es für Spanien falsch. Für Andalusien sei es inzwischen obsolet. In der Tat könnte man die von diesem bereits in Prosper Mérimées Novelle *Carmen* verwendeten Klischee geprägte Vorstellung als »Carmenbild« Spaniens bezeichnen.

Dennoch sind die erwähnten Leitbilder durchaus tauglich zur Charakterisierung der iberischen Kultur im Gegensatz zu der anderer Länder wie Englands oder Italiens, zeigen sie doch treffend, wenn auch plakativ vereinfachend einen wichtigen Aspekt der andalusischen Volkstradition. Daß dieses »Carmenbild« Spaniens nicht dazu geeignet ist, eine Vorstellung von den Kulturen der galizischen, baskischen oder katalanischen Provinzen zu vermitteln, versteht sich von selbst. Aber ebensowenig wie ein spanischer Tourist nach München fahren dürfte im Glauben, daß dort das ganze Jahr Oktoberfest herrscht und nur Einwohner mit Gamsbart, Lederhosen und Haferlschuhen Bayerns Straßen bevölkern, dürfte der deutsche Durchschnittsurlauber erwarten, in Schottland nur Whiskey trinkende Männer mit Kilts und Dudelsäcken anzutreffen oder in Andalusien lauter Carmens zu begegnen.

Ein weiteres jahrzehntealtes Spanien-Klischee ist das von in malerischer Armut lebenden, ansonsten aber glücklichen Menschen. So arme wie fotogene netzeflikkende Fischer, maultiertreibende Kleinbauern oder Höhlenbewohner gibt es zwar noch immer, doch Andalusien ist ein Land im Aufbruch, allenthalben. Aktuellere, fotografisch freilich weniger reizvolle Formen der Armut als

Ziegenherde bei Yunquera

Guadalquivierebene bei Medina Azahra

Symptome des sogenannten Fortschritts gibt es allerdings auch: in den aus allen Nähten platzenden Ballungszentren steigen die Grundstückspreise und mit ihnen die Mieten in astronomische Höhen; die von den Gewerkschaften ausgehandelten Stundenlöhne für die am härtesten betroffenen Saisonarbeiter haben für die Señoritos die Rentabilitätsgrenze überschritten; das Land erstickt in zunehmender Motorisierung usw. Doch daneben gibt es eben auch neue Industrien, Anbaumethoden und Technologien sowie einen stark expandierenden Dienstleistungsbereich, was nicht nur zu einem beachtlichen Wirtschaftswachstum von jährlich sechs Prozent führt, sondern auch neue Erwerbsmöglichkeiten und somit Arbeitsplätze schafft. Kurz: ganz Andalusien gleicht einer einzigen Baustelle. Bis zum Beginn der Weltausstellung 1992 in Sevilla werden rund siebzig Prozent des andalusischen Straßennetzes europäischem Durchschnittsstandard entsprechen, der Rest ist im Bau. Sevilla wird von Madrid mittels eines Hochgeschwindigkeitszuges erreichbar und dadurch enger mit dem Zentrum des Landes verbunden sein, und Almeria hat bereits einen neuen Flughafen.

Das geradezu beängstigende Tempo, mit dem Andalusien Anschluß an Europa gewinnt, ruft die Hüter altvertrauter Traditionen auf den Plan, die den Verlust angestammter Werte befürchten. Doch davon kann keine Rede sein. Im Gegenteil: »Andalusisches« wird betont und bewußt gepflegt. Man will nicht mehr von gestern sein und dennoch Andalusier bleiben. Semana Santa, Feria de Abril, Stierkampf, Flamencomusik, Zigeuner, maurisches Erbe usw. sind nach wie vor feste Bestandteile des Lebens. Nur gibt es den typischen Andalusier halt ebensowenig wie den typischen Franzosen, Deutschen oder Italiener. Wer die Andalusier verstehen, ihnen näherkommen will, braucht daher viel Zeit, Sprach- und Landeskenntnis und vor allem guten Willen.

Um sich einem Volk zu nähern, beschäftigt man sich am besten zunächst mit den Konstanten seines Lebens und seiner Kultur, mit der Landschaft, in der es lebt, mit seiner Geschichte und seinem Brauchtum. Die Landschaft, zu der auch das Klima zu rechnen ist, gibt die Rahmenbedingungen u.a. für Wirtschaft und Landwirtschaft, für die Besitzverhältnisse und für das soziale Leben. Die Geschichte bietet Einblick in die Wanderungsbewegungen und somit in die ethnischen Veränderungen, in Eroberungen und Rückeroberungen, in Kunst, Weltanschauung, Rechtsformen usw. Zum Brauchtum schließlich zählen ältere und jüngere zum Teil religiöse Feste und Feiern, der Lebensrhythmus, der Speisezettel, Musik

Guadix, Höhlenwohnung

Sierra Nevada, Nordseite bei Abla ►

und vieles andere, was das tägliche Leben bestimmt. Landschaft, Geschichte und Brauchtum sind jene Bereiche, welche die Menschen wesentlich geprägt haben und auch in Zukunft weiter prägen werden. Wer sich mit ihnen beschäftigt, wird erkennen, was das Besondere, das Einzigartige eines Volkes ausmacht.

Versucht man etwas zu finden, was sich durch alles, was das Wesen des andalusischen Volkes geformt hat, hindurchzieht, so ist dies wohl am ehesten durch die Begriffe Gegensätze und Begegnungen zu fassen. Die Gegensätze werden am augenfälligsten in der Betrachtung der Landschaft: Das älteste und mit ca. 600 Kilometern längste Gebirge der Iberischen Halbinsel, die Sierra Morena, steht dem mit ca. 750 Kilometer längsten regionalen Küstenstreifen Spaniens gegenüber. Während man es zuließ, daß die einst so schöne Costa del Sol vom blühenden Sommertourismus fast restlos verschandelt wurde, schuf man andererseits mit dem Parque Nacional Coto de Doñana im Mündungsdelta des Guadalquivir den größten Nationalpark und mit dem Parque Regional de Cazorla y Segura das größte Artenschutzgebiet des Landes. Der Skizirkus mit der längsten Skisaison Spaniens liegt nur etwa 150 Kilomter entfernt von Ecija, dem heißesten Punkt Europas mit Sommertemperaturen bis 45 Grad Celsius. In Andalusien liegen das höchste Gebirge Festlandspaniens mit dem höchstgelegenen Dorf des Landes und der höchsten Paßstraße Europas, die Sierra Nevada, und das Guadalquivir-Becken, die ausgedehnteste, vollständig landwirtschaftlich genutzte Tiefebene Spaniens, unmittelbar nebeneinander. In der Sierra de Grazalema werden die höchsten Niederschlagsmengen der Iberischen Halbinsel gemessen, während in der einzigen Wüste Europas, in der Sierra de Los Filabres nördlich von Almeria, mit jährlich nur 150 Kubikzentimetern so gut wie keine Niederschläge fallen. Und den zahlreichen künstlichen Stauseen steht in der Laguna de Fuente Piedra, wo sich Spaniens einziger regelmäßiger Flamingo-Brutplatz findet, der zweitgrößte Salzsee gegenüber.

Sevilla, Casa de Pilato

Cordoba, Maimonides-Denkmal

In einem derart vielgestaltigen und kontrastreichen Land verbietet sich die Annahme von selbst, die Menschen seien überall vom gleichen Schlag. Den typischen Andalusier kann es also gar nicht geben, dafür sorgt schon die Natur des Landes.

Natürlich kann man nicht in allen Bereichen allein von Gegensätzen sprechen. Dies gilt zumal für den geografischen Großraum, denn nirgends begegnen Europa und Afrika einander unmittelbarer als in Andalusien. Ähnliches gilt für den Mittelmeerraum und für die Neue Welt. Atlantik und Mittelmeer waren in der Geschichte Andalusiens oft mehr Elemente der Verbindung als der Trennung, auch wenn diese Verbindung wechselweise

Alcala la Guadeira

immer wieder mehr feindlich als friedlich, mehr vernichtend als fruchtbar sein konnte. In seiner Ansprache zur Eröffnung der Madrider Nahostfriedenskonferenz am 30. Oktober 1991 hat der spanische Ministerpräsident Felipe Gonzales, gebürtiger Sevillaner und somit Andalusier, diese besondere Tradition Spaniens herausgestellt, eines Landes, in dem jahrhundertelang gerade die Nationen und Weltanschauungen, die hier zusammengeführt worden waren – Araber, Juden und Europäer bzw. Islam, Judentum und Christentum – miteinander leben mußten. Wenngleich bei diesem Anlaß aus guten Gründen die grundsätzliche Möglichkeit eines Konsenses am Beispiel der Maurenherrschaft – und da besonders am Idealfall des Kalifats von Cordoba – herausgestrichen wurde, so kann hier doch nicht verschwiegen werden, daß es immer wieder auch Epochen des Krieges und der gegenseitigen Intoleranz gab. Stets aber entstand aus dieser Begegnung oder Konfrontation der Gegensätze eine temporär lebendige Mixtur, die Großes hervorgebracht hat und auf Dauer im Brauchtum des Volkes erkennbar blieb. Ob Tartessier und Phöniker, Iberer, Karthager und Römer, romanisierte Iberer und Westgoten, christianisierte Ibero-Römer und Mauren, spanische Christen, Moslems und Juden, Kastilier und Andalusier, Neuspanier und Zigeuner: die einzigartige ethnische Mischung und der lebendige Anteil der verschiedenen Kulturen und Religionen zusammen bilden eben das, was man getrost als Wesen Andalusiens bezeichnen kann. Dieses Wesen Andalusiens mit seinen vielfältigen Komponenten, aus denen es sich im Laufe der Jahrhunderte gebildet und bis heute erhalten hat, ist es, was das vorliegende Buch zu fassen und begreifbar zu machen versucht.

Im Strom der Zeit

Von den Anfängen bis zum Ausklang der Antike

Wo Kontinente sich grüßen und Meere vermählen

Dem geografisch zerrissensten aller Erdteile, dem europäischen, ist nur mit Mühe eine vereinfachte Struktur abzugewinnen. Auf den ersten Blick glaubt man eine von Südwesten nach Nordosten verlaufende Achse erkennen zu können, um die herum die zerklüfteten Ränder des Kontinents im Westen auf einen fiktiven Punkt hin zusammenlaufen. Die Verjüngung des Festlandkernes erfährt ihre vorläufig entschiedendste Ausformung im sogenannten Französischen Isthmus zwischen dem Golf von Biscaya und dem Golfe du Lion, zwischen Atlantik und Mittelmeer.

Einer weiteren Verengung stellt sich hier ein mächtiger Gebirgsriegel in fast exakter Ost-West-Erstreckung entgegen: die Pyrenäen und die kantabrischen Berge. Südlich dieser natürlichen Felsbarriere erstreckt sich eine Landmasse, deren Gestalt man stark vereinfachend als unregelmäßiges Viereck beschreiben könnte und deren Größe im Vergleich zum übrigen Festland die Bezeichnung europäischer Subkontinent geradezu aufdrängt. Diese Iberische Halbinsel endet im Süden wie sie im Norden begonnen hat: mit einem Hochgebirge, in diesem Falle mit der Betischen Kordillere. Es ist, als wollte sich der iberische Subkontinent im Westen und Osten durchs Meer, im Norden und Süden dagegen durch gewaltige Steinmauern abschirmen, gleichsam als wolle er von seinen Nachbarn nichts wissen.

Doch diese scheinbar spröde Abschirmung ist nicht vollständig. An der Nordseite des Vierecks, just in ihrer Mitte, an der tiefsten Stelle des Golfs von Biscaya, treten Pyrenäen und Kantabrische Berge unmerklich zurück und öffnen einen bequemen Zugang zum Aquitanischen Becken und damit zur Hauptmasse des Kontinents. An der gegenüberliegenden Seite stülpt sich – gleichfalls in ihrer Mitte – die Küste nach Süden hinaus, um genau auf dem 36. Breitengrad an der Punta de Tarifa, auch Punta Marroqui genannt, den südlichsten Punkt des europäischen Festlandes zu markieren.

Ebenso wie die Küste Spaniens in der Mitte ihren sonst geraden Verlauf aufgibt, um sich weiter nach Süden zu sehnen, tut dies im umgekehrten Sinne auch die nordafrikanische Küste, indem sie – ab Algier zunächst in südwestlicher Richtung verlaufend – plötzlich nach Norden abknickt, um sich schließlich ihrem europäischen Gegenüber wie eine Zunge auf knapp vierzehn Kilometer zu nähern, gleichsam als wollte sie es zärtlich küssen. Doch es bleibt beim Annäherungsversuch, so daß sich der Vergleich mit zwei Brautleuten aufdrängt, die einander begehren, das Ritual der Hierogamia aber nie vollziehen. In der Tat ist es atemberaubend, von der Höhenstraße zwischen Algeciras und Tarifa, beim Mirador del Estrecho, Afrika zum Greifen nahe gegenüber sich auftürmen zu sehen.

Wie so oft hat auch hier die Geografie Leben und Geschicke der Menschen bestimmt. Nordafrika und Südspanien gehören zusammen, bilden eine klimatische und kulturelle Einheit. Sowenig wie der Ärmelkanal England von Europa und der Stretto Sizilien von Italien trennen, sowenig trennt die Straße von Gibraltar Südspanien von Nordafrika. Erst der Blick durch die den Sinn für die Realität nicht immer schärfende Brille der Religionen hat im Verlauf der jüngeren Geschichte geschieden, was von jeher zusammengehörte.

Kulturhistorisch betrachtet liegt Andalusien somit an einem Kreuzungspunkt von kaum zu überschätzender weltgeschichtlicher Bedeutung. Zum einen treten sich hier Afrika und Europa zum Anfassen nahe gegenüber, wobei die Straße von Gibraltar nicht mehr ist als die Austauschzone der Wasser von Atlantik und Mittelmeer. Wie der folgende kurze Streifzug durch die Geschichte Andalusiens zeigen wird, spielte diese Südregion Spaniens immer dann eine entscheidende Rolle, wenn die Zusammengehörigkeit von Afrika und Europa bzw. der Ausgleich zwischen der atlantischen und der mittelmeerischen Welt von höchster Bedeutung waren.

Folgt man von der Tajo-Mündung bei Lissabon im äußersten Westen ungefähr dem Verlauf des 39. Breitengrads zum Cabo de la Nao auf der Ostküste der Iberischen Halbinsel, so liegen auf dieser »Grenzlinie« Städte wie Badajoz, Merida, Ciudad Real und Albacete – Grenzlinie deshalb, weil südlich von ihr das eigentliche Südspanien beginnt, bzw. bis zu ihr der konkrete kulturelle Einfluß der südiberischen Kulturen in Richtung Norden und ins Landesinnere zu erkennen ist. Südlich der Extremadura und Neukastiliens liegt das erzhaltige Mittelgebirge der Sierra Morena als ein natürlicher Wall zwischen dem Binnenland und Andalusien. Im Westen bildet

Straße von Gibraltar mit Blick auf Afrika

zunächst der Unterlauf des Guadiana eine natürliche Grenze zu Portugal, während im Osten die willkürliche Einteilung von 1820 die Provinzen Murcia und Alicante von Andalusien abtrennt. Als Folge dieser Grenzziehung umfaßt Andalusien nur noch den mittleren Teil des Südens der Halbinsel, wobei es sowohl am Atlantik als auch am Mittelmeer teilhat. Die Autonome Region Andalusien ist nicht nur Spaniens und zugleich Europas südlichste Festlandprovinz, sondern ist nach der Doppelregion Kastilien-León auch Spaniens zweitgrößte Region überhaupt, zu den Meeren hin begrenzt durch eine rund 750 Kilometer lange Küste. Mit 87.270 Quadratkilometern ist Andalusien etwas größer als Österreich.

Topografisch besitzt diese klimatisch so gesegnete Region eine klare Dreiteilung: Im Norden liegt der Gebirgszug der Sierra Morena, südlich davon das landeinwärts trichterförmig immer enger werdende Tiefland des Guadalquivir-Beckens, an das im Osten die Betische Kordillere anschließt, die sich dann ihrerseits nach einem gemeinsamen Anfang mit der Sierra de Ubrique, der Serrania de Ronda und der Sierra Bermeja wie eine Schere in die nördlichen Sierras Subbeticas und die südliche Cordillera Penibetica verzweigen.

Da die unwegsame und auch klimatisch rauhere Sierra Morena höchstens durch Olivenkulturen, Korkgewinnung oder Viehzucht landwirtschaftlich nutzbar ist, liegt ihr ökonomischer Schwerpunkt vor allem im Westen, in der Sierra Aracena, wo bei Rio Tinto nach wie vor Erz abgebaut wird. Die landeinwärts ein spitzes Dreieck bildende Betische Tiefebene mit dem Guadalquivir als lebensspendender Achse ist mit ca. 25.000 Quadratkilometern Spaniens größte vollständig agrarwirtschaftlich genutzte Ebene. Ihre Breite mißt an der Küste an die 330 Kilometer, bei Cordoba rund 60 Kilometer und an ihrem Ende bei Ubeda noch immer 35 Kilometer. Die beiderseits des Guadalquivir sich erstreckenden sanften Hügelkämme übersteigen selten 300 Meter Höhe. Neben dem vom großen Fluß gespeisten Grundwasser sorgen noch zwischen jährlich 500 und 700 Liter Niederschläge pro Quadratmeter für eine ausreichende Bewässerung der sich schier endlos ausdehnenden Felder und Äcker. Auch fällt die Temperatur so gut wie nie unter den Gefrierpunkt, im Gegenteil: bei Ecija liegt mit Sommertemperaturen bis 45 Grad Celsius der Hitzepol Spaniens. Das solchermaßen gesegnete Guadalquivir-Becken bildet das wirtschaftliche Rückgrat Andalusiens, das trotz mancher – mißlungener – Industrialisierungsversuche in seiner Gesamtheit ein Agrarland geblieben ist.

Südlich und östlich des fruchtbaren Gartens am Guadalquivir erstreckt sich das Doppelsystem der Betischen Kordillere, deren nördliche Kette, die Sierras Subbeticas, mit dem La Sagra beachtliche 2.381 Meter Höhe erreicht. Die südliche Kette, die Cordillera Penibetica, bringt es in der Sierra Nevada gar auf 16 stolze Dreitausender, darunter den Veleta (3.392 m) und den Mulhacen, der mit seinen 3.478 m selbst die höchsten Pyrenäengipfel überragt und damit der höchste Berg des spanischen Festlands ist. Sierra Morena und Betische Kordillere zusammen bilden etwa sechzig Prozent der Fläche Andalusiens, was die wirtschaftliche Nutzbarkeit eines Großteils erheblich reduziert. Aber auch auf die zweite, wesentlich kleinere Ebene Andalusiens um Almeria wirken sich die Gebirgszüge der Sierra Nevada und der Sierra de Baza ungünstig aus, denn feuchte, niederschlagsreiche Westwinde regnen bereits an diesen Gebirgen ab. Das Gebiet um Almeria, vor allem aber der nördliche Teil in Richtung der Sierra de los Fiabres, liegt im Regenschatten dieser Hochgebirge und weist wasserlose Wüsteneien auf, die das regenärmste Gebiet Europas bilden.

Küste und Guadalquivir-Becken bieten also die günstigsten Lebensbedingungen Andalusiens und es verwundert daher wenig, daß sich hier die größten Siedlungen finden. Eine Ausnahme macht Granada mit seiner fruchtbaren Vega.

Anfang oder Ende Europas?

Neuere Aspekte der Vor- und Frühgeschichte

Obgleich in der Gegend um Granada sowohl früheste Menschheitsstufen (Mensch von Orce, ca. 400.000 Jahre) als auch der Neandertaler (Höhle von Cariguëla de Piñar) durch Funde nachgewiesen wurden, sollten wir die andalusische Geschichte hier sinnvollerweise mit der jüngeren Altsteinzeit beginnen lassen. Die letzte Eiszeit ist in ihrer Schlußphase (Würm III) gekennzeichnet durch eine vergleichsweise rasche Abfolge von Warm- und Kaltzeiten. Mit dem Einsetzen von Würm III trat ein neuer Menschentyp ins Licht der Geschichte, der Cro-Magnon-Mensch. Er ist nicht nur unser mehr oder weniger direkter Vorfahr, sondern auch der erste, der eine hochstehende Zivilisation entwickelt hat. Zeugnis dafür legen die steinzeitlichen Höhlenmalereien (Lascaux, Altamira u.a.), Idole, wertvoller Schmuck, Jenseitsglaube und verfeinerte Werkzeuge ab. Der Siedlungsraum des Cro-Magnon-Menschen war die dem Atlantik zugewandte Seite Europas und Afrikas. Neben dem franko-kantabrischen Zentrum findet sich eine kleinere Ansammlung steinzeitlicher Felsmalerei auch in Andalusien, dort gehäuft vor allem in der heutigen Provinz Malaga (Cuevas de la Pileta, Ardeles und Nerja). Vergleichende Blutgruppenforschungen kamen zu dem Ergebnis, daß sich die relativ reinsten, am wenigsten vermischten Nachfahren der Cro-Magnon-Rasse unter den Basken und Berbern sowie den Ureinwohnern der Kanaren finden. Weitere hohe Anteile mit Menschen der Blutgruppe Null, also der Blutgruppe der Cro-Magnons, fanden sich unter Bretonen, Walisern, Iren und Schotten – alles am Atlantik, z.T. auf Inseln lebende Völkerschaften!

Halten wir drei Punkte fest: erstens hatte Andalusien über seine Atlantikküste unmittelbar Anteil an dieser ersten atlantischen Zivilisation des Cro-Magnon-Menschen, deren Mittelpunkt offensichtlich im franko-kantabrischen Raum zu suchen ist; zweitens gehörte auch das Andalusien direkt gegenüberliegende Nordafrika (Marokko) von Anfang an zu diesem atlantischen Kulturkreis; und drittens läßt die Zugehörigkeit von Wales, Irland und den Kanarischen Inseln zum Kreis der Cro-Magnon-Rasse auf erstaunliche nautische Kenntnisse bereits zu einem früheren Zeitpunkt schließen.

Die moderne Klimaforschung hat herausgefunden, daß es im Zeitraum von vor 40.000 bis 30.000 Jahren wiederholt größere Temperaturschwankungen innerhalb eines Jahrhunderts gegeben hat. Die entscheidendsten und folgenschwersten Temperaturveränderungen aber ereigneten sich vor etwa 13.000 Jahren. Innerhalb von nur 40 Jahren stiegen die Jahresdurchschnittstemperaturen damals um ca. 5° bis 6° Grad Celsius. Die Folge war nicht nur ein angenehmeres Großklima sondern auch eine ganze Reihe von Katastrophen wie der durch das rasche Abschmelzen der nördlichen Eiskappe verursachte Anstieg des Meeresspiegels um rund 100 Meter. Begleitet wurde diese »Klimaverbesserung« von sintflutartigen Regenfällen. Wer nicht in höher gelegenen Gebieten lebte, sich dorthin zurückzog oder überhaupt auswanderte, wurde Opfer dieser Wassermassen, der sogenannten nördlichen Sintflut. In Nord- und Mitteleuropa kam es zu jenem Stillstand der Entwicklung, die von den Archäologen als neolithischer Hiatus oder Mesolithikum bezeichnet wird.

Die ältesten eindeutig als neolithisch qualifizierten Funde Andalusiens bargen die Höhlen von Los Murcielagos (Cordoba, 4.200 v. Chr. nach C-14-Methode), la Cariguëla de Piñar (Granada, 4.900 v. Chr.), la Dehesilla (Cadiz, 5.200 v. Chr.), Nacimiento (Jaén, 5.500 v. Chr.), Chica de Santiago (Sevilla, 5.900 v. Chr.) und Nerja

Cueva de la Pileta, paläolithische Pferdezeichnung

(Malaga, 5.900 v. Chr.). Eine wahre Revolution der prähistorischen Forschung bahnt sich heute an durch die Korrektur sämtlicher nach der C-14-Methode vorgenommenen Altersbestimmungen aufgrund der nach Renfrew erheblich weiter nach rückwärts reichenden Meßzahlen der Dendrochronologie. Für die beiden letztgenannten Höhlenfunde von Chica de Santiago und Nerja ergäbe das ein Alter von 9.300 Jahren. In der untersten, schon als frühneolithisch zu bezeichnenden Schicht der Grotte von Nerja fanden sich älteste Formen der Haustierhaltung und der Primitivkeramik. Die Sensation liegt nun darin, daß die Archäologie zwischen dem Ausklingen der eiszeitlichen Höhlenmalerei des Magdalenien vor 15.000 bis 8.000 Jahren und dem Neolithikum für Nord- und Mitteleuropa ein Entwicklungsloch von 2.000 bis 3.000 Jahren konstatiert, während dieser neolithische Hiatus in Andalusien nicht festzustellen ist. Damit hätte die Entwicklungsgeschichte in Südspanien von der späten Altsteinzeit zum Neolithikum ohne Unterbrechung, sozusagen geradlinig stattgefunden! Daraus zu folgern, daß die neolithische Revolution von hier ausgegangen sei, scheint zwar ein wenig voreilig, den Anspruch aber, an dieser wichtigen Menschheitsetappe in einem sehr frühen Stadium teilgehabt zu haben, wird man Andalusien nicht mehr absprechen können – und dies ohne erkennbaren orientalischen Einfluß!

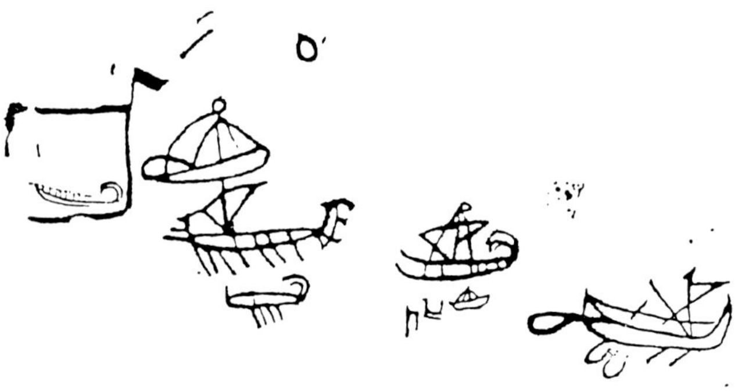

Schiffszeichnung aus dem Abris de Laja Alta

Ex occidente lux:
Geheimnisvolle Megalithiker, das Goldland Tartessos und Europas angeblich älteste Stadt

Vom Klimaschock und den Folgen der großen Umweltkatastrophe nach der letzten Eiszeit scheinen sich die »zurückgebliebenen« Cro-Magnon-Menschen des franko-kantabrischen Raums sehr rasch erholt und eine neue Zivilisation entwickelt zu haben, doch nun auf der Basis von Ackerbau und Viehzucht. Eine tiefe Jenseitsgläubigkeit, größere arbeitsteilige Gemeinschaften und hochentwickelte Fähigkeiten bei der Beobachtung der Gestirne, in der Materialbearbeitung und im Transportwesen zu Wasser und zu Lande sind die herausragenden Errungenschaften dieser zweiten atlantischen Zivilisation.

Noch bis vor wenigen Jahren hatten die Anhänger der seit Jahrhunderten herrschenden Orient-Theorie (*ex oriente lux*), gestützt auf die Bibel und die Grabungserfolge im östlichen Mittelmeerraum, spürbar Oberwasser. Sie ließen es nicht fehlen an abschätzigen Bemerkungen über jene Phantasten und Legendengläubigen, die es wagten – ebenfalls gestützt auf bemerkenswerte Funde –, die Existenz einer Frühkultur nordwestlich des Mittelmeeres zu behaupten. Selbst die Megalithbauten Westeuropas galten ihnen nur als unbeholfene Ableger weit großartigerer Anlagen im Orient. Seit aber in den siebziger Jahren seriöse und genaue Meßverfahren eindeutig ergeben haben, daß die ältesten Megalithbauten der Bretagne vor mindestens 6.800 Jahren entstanden sein müssen, schweigen die »Orientalisten« betreten, beweisen diese neuesten Datierungen doch ein um 1.000 bis 1.500 Jahre höheres Alter als die ältesten vergleichbaren Funde Ägyptens oder Mesopotamiens. Da der logischen Schlußfolgerung, daß die Megalithkulturen dort entstanden sein dürften, wo auch die ältesten Anlagen dieser Art zu finden sind, niemand ernsthaft widersprechen kann, wird wohl anzunehmen sein, daß die Megalithkulturen am Rand des nordwesteuropäischen Atlantik-Beckens entstanden sind. Dafür spricht um so mehr, als der Altersvorsprung zwischen 1.000 und 1.500 Jahre beträgt.

Auf den seit der ersten atlantischen Zivilisation der jüngeren Altsteinzeit bekannten Routen breitete sich die neue Zivilisation mit ihren typischen Merkmalen entlang der Atlantikküste nach Süden aus, um im 4. Jahrtausend v. Chr. Mittelportugal und spätestens Anfang des 3. Jahrtausends v. Chr. Andalusien zu erreichen. Die Megalithiker verstanden nicht nur Grabmäler zu errichten, deren wahre Funktion noch immer ein Geheimnis ist, sie bauten

auch Städte aus Stein mit mehrfachen Mauerringen und zimmerten hochseetüchtige Schiffe, denn die Megalithkultur hat sich ganz offensichtlich auf dem Seeweg ausgebreitet. Ihren Höhepunkt erlebte die zweite atlantische Zivilisation zwischen dem Anfang des 3. Jahrtausend und dem Ausgang des 2. Jahrtausends v. Chr., was der Zeit vom Chalkolithikum, auch Eneolithikum oder Kupferzeit genannt, bis zur späten Bronzezeit entspricht, also gerade den beiden ersten Hauptphasen der Metallzeitalter.

Bereits seit dem frühen 3. Jahrtausend v. Chr. war Andalusien Teil dieser atlantisch ausgerichteten Megalithkultur. Die wichtigsten Zeugnisse dafür sind neben zahlreichen Bodenfunden Großbauten wie der Dolmen de Soto bei Huelva, die drei Dolmen von Antequera, die Megalithstädte von Zambujal nördlich von Lissabon, Tejada la Vieja bei Huelva, Motilla de Azuer bei Ciudad Real und vor allem Los Millares nördlich von Almeria. Nach korrigierter C-14-Datierung ergeben sich für die Dolmen und die Städte Zambujal und Los Millares ein Alter zwischen 5.000 und 4.800 Jahren. Los Millares mit seinem dreifachen Mauerring umschließt ein Areal von fünf Hektar und ist damit nach der etwa gleichaltrigen, rund zehn Hektar großen Stadt bei Büdelsdorf im Kreis Rendsburg die größte bislang ausgegrabene Stadt der Megalithiker.

Weitere mauerumgürtete Siedlungen dieser Epoche fanden sich in Amizaraque, Campos – beide in der Provinz Almeria –, Cerro del Virgen, Cerro de los Castellones in der Provinz Granada und Cullar-Baza bei Malaga. Möglicherweise ebenfalls aus dieser Zeit stammen die Schiffszeichnungen aus dem Abris von Laja Alta bei Jimena nördlich von Cadiz. Bei diesen ins 4. oder 3. vorchristliche Jahrtausend zu datierenden Zeichnungen handelt es sich um die ältesten Darstellungen hochseetüchtiger Schiffe, die den späteren Drachenbooten der Wikinger nicht unähnlich sind. Lebensform und Ausbreitung der Megalithzivilisation wurden seit dem 3. Jahrtausend von zwei weiteren Kulturerscheinungen begleitet,

Dolmen de Soto bei Huelva

Glockenbechervase

Minen von Riotinto ▶

die zusammen mit den Megalithanlagen eine Wesenstrias der zweiten atlantischen Zivilisation darstellen: einerseits die zunehmenden metallurgischen Fertigkeiten, die zu der grundlegend neuen Menschheitsepoche, dem Zeitalter der Metalle, überleitet, andererseits die weiterentwickelte Keramik größerer Tongefäße mit der markanten Glockenbecherform. Verbreitung und Häufigkeit der Glockenbecherkeramik lassen dem heutigen Stand der Bodenforschung nach das Guadalquivir-Becken nicht mehr unbedingt als Ursprungsland erscheinen. Megalithbauten (mit der dazugehörigen Religion), Entwicklung der Metallurgie, hoher Wissensstand in Astronomie und Nautik sowie einheitliche Formen in der Keramik bilden die wichtigsten Bausteine dieser atlantischen Koine.

Die ›Goldenen Äpfel der Hesperiden‹

Das erste Stadium der Metallverarbeitung wird gekennzeichnet von der Gewinnung und Nutzung der Edel- und Halbedelmetalle (Gold, Silber, Kupfer) in ihrer reinen Form zu kultischen und dekorativen, gehärtetes Kupfer vielleicht sogar schon zu praktischen Zwecken. In dieser Frühphase der Edelmetallverarbeitung lag gewiß der erste kulturelle Aufstieg des atlantischen Teilreiches im Süden der Iberischen Halbinsel sowie der spätere Ruhm des dort beiheimateten legendären Tartessos begründet.

Zwei Namen vor allem waren es, die seit Generationen für Turbulenzen im Paradiesgärtlein der Archäologen sorgten: Atlantis und Tartessos. Auf der einen Seite sind da die verstockten Vertreter einer Archäologie, die nichts anderes für ihre Wissenschaft gelten lassen, als was die Spatenforschung für das Auge erkennbar zu Tage gefördert hat. Das andere Extrem bilden jene Enthusiasten, die die auf Seriosität bedachte Altertumsforschung unentwegt damit nerven, endlich die exakte Lage zumindest einer der beiden legendären »Städte« gefunden zu haben.

Der Stand der modernen Atlantik-Archäologie dürfte selbst dem eingefleischtesten »Orientalisten« heute kaum erlauben, die Existenz der beiden atlantischen Frühkulturen zu leugnen. Der sich in den Fußstapfen Schliemanns und Evans bewegende deutsche Archäologe Adolf Schulten hat einen bis dato noch immer vollständigen Katalog aller antiken Quellen erstellt, in denen Tartessos Erwähnung findet. Zur Stammtafel der insgesamt über dreißig legendären Könige von Tartessos gehören u.a. so bekannte Namen wie Atlas, Geryon, Hispalo, Hespero, Osiris, Herkules, Bacchus, Argantonius. Die ältesten griechischen Schriftquellen wie Homer, Hesiod, Stesichoros, Hekataios von Milet oder der Stammvater der griechischen Geschichtsschreibung, Herodot, berichten Konkretes wie auch weniger Faßbares. Noch zu Beginn unserer Zeitrechnung korrigierte Strabo das von Platon im *Timaios* und *Kritias* mit 9.000 Jahren angegebene Alter von Atlantis auf 6.000 Jahre, was der historischen Situation schon eher gerecht werden dürfte, und Plinius der Jüngere nimmt an, das mit Tartessos gleichgesetzte Gades sei der einzige überlebende Teil des untergegangenen Atlantis.

In allen Quellen aber wird Tartessos bzw. das Land hinter den Säulen des Herkules als ein Reich der Glückseligkeit, des Überflusses und des ewigen Lebens bezeichnet, gleichgesetzt auch mit der Heimat des Gottes der Unterwelt und mit paradiesischen Gärten, den Hesperiden. Für die ägyptischen Pharaonen wiederum war es das Land der Vorfahren, wohin eine Barke sie zurückbringt. Auch stand in Gades der älteste Tempel des

Herakles. Kurz: Tartessos galt allgemein als ein Land im Westen voller Geheimnisse, archaischer Götter und sprichwörtlichen Reichtums.

Archäologische Funde haben bestätigt, daß spätestens seit der Kupferzeit im heutigen Andalusien eine blühende Zivilisation beheimatet war. Ihre Grundlagen bildeten Reichtum an Erzen und optimale Bedingungen für Ackerbau und Viehzucht. Waren die Goldenen Äpfel der Hesperiden womöglich die ältesten Zitruskulturen der Welt? Liegen die Ursprünge eines Stierkultes in Spanien vielleicht in den Rinderherden des Geryones? Die Tartessier besaßen ein entwickeltes Städtewesen und seetüchtige Schiffe, mit denen sie die Mutterländer der Megalithkulturen mit dem für den Bronzeguß wichtigen Kupfer versorgten und zugleich im Mittelmeerraum Handel trieben. Ihren Höhepunkt erlebte die tartessische Kultur gegen Ende der Bronzezeit um 1100 v. Chr., als die levantinischen Phöniker in Gadir (Gades) eine feste Handelsniederlassung gründeten. Zwar konnte diese frühe Präsenz der Phöniker im Südwesten der Iberischen Halbinsel bislang in keiner ihrer späteren Niederlassungen durch archäologische Funde bestätigt werden, doch aus der Bibel ist bekannt, daß die sogenannte Tarschisch-Flotte König Hirams I. von Tyrus (969 bis 936 v. Chr.) dem befreundeten König Salomon »Gold und Silber, Elfenbein und Affen und Pfauen« brachten. Immerhin gilt Gades, das heutige Cadiz, vielen als die älteste Stadt Spaniens.

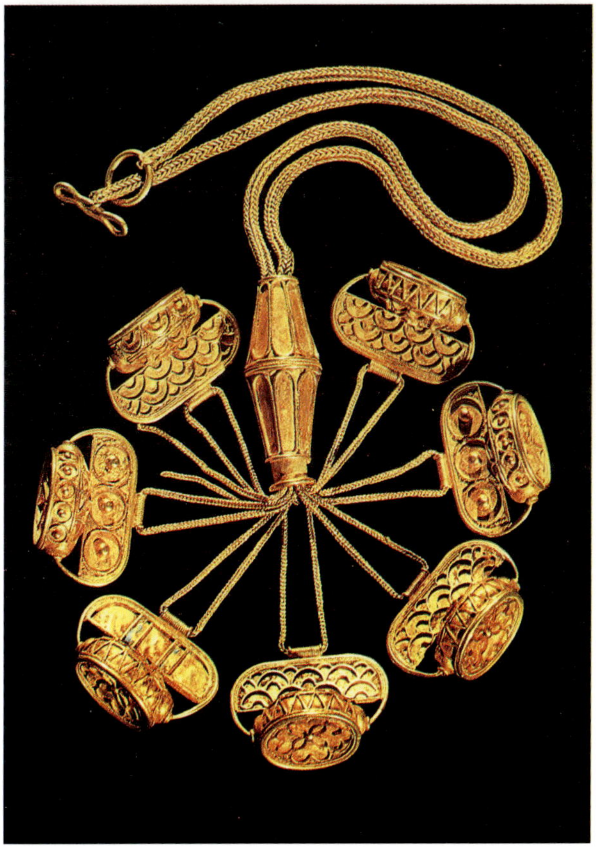

Das Collier aus dem Schatz von Carambolo

Wer oder was war Tartessos?

Nach 800 v. Chr. wurden die direkten Kontakte zwischen Orient und Okzident des Mittelmeerraumes nicht nur in Gestalt von Handelsbeziehungen und künstlerischen Einflüssen immer intensiver, man denke nur an die griechische und phönizische Westkolonisation. In der Folgezeit scheinen die Phöniker zumindest den Mittelmeerhandel der Tartessier unter ihre Kontrolle gebracht zu haben, denn mit dem Siegeszug des neuen Metalls seit Beginn der Eisenzeit war eine der wichtigsten Quellen des tartessischen Reichtums, die reichen Kupfervorkommen, versiegt. Zwar konnten die Tartessier durch das Aufkommen der Silbermünzen im 5. Jahrhundert v. Chr. mit ihren Silbervorkommen den Niedergang ihrer Wirtschaft verzögern, doch als die Römer Karthago in der Kontrolle des Landes ablösten, war für diese Tartessos oder Turdetanos, wie sie es nannten, bereits eine Legende.

Die überzeugendsten und eindrucksvollsten Beweise für die Historizität des legendären Tartessos liefern eine Reihe im Laufe der letzten vierzig Jahre gefundenen sogenannten *tesoros* (Schätze), die allesamt als tartessisch eingestuft werden. Einige davon wie die Funde von Villena (insgesamt 66 Objekte, davon 60 aus Gold, 3 aus Silber sowie je eines aus Eisen, vergoldetem Eisen und Bernstein) und Bodenal sind problemlos in die spätere Bronzezeit zu datieren. Andere hingegen wie die Leuchter von Lebrija, die als typisch tartessisch zu bezeichnen und inzwischen als eindeutig autochtone Werke anerkannt sind, werden unverständlicherweise noch immer jener »orientalisierenden« Phase von Tartessos (750 bis 500 v. Chr.) zugerechnet, und das, obwohl sich im Orient keinerlei eine solche Datierung rechtfertigende Vergleichsbeispiele finden. Wieso sollte Tartessos auch ausgerechnet in den Zeiten eines steten wirtschaftlichen und kulturellen Niedergangs seine kostbarsten Goldschätze geschaffen haben? Zudem lassen sich bei

Funden wie dem Anhänger von Setefilla, den Ohrringen von Marchena, der Kapsel von Mairena, dem Silberring von Ecija, dem Ohrring von Montemolin oder dem berühmten Goldschatz von Carambolo im Archäologischen Museum von Sevilla eher Bezüge zu Goldschätzen aus der mittleren Bronzezeit wie dem Schatz des Priamos oder spätminoischen Objekten durchaus vertreten.

Obwohl sich in der antiken Literatur eine Fülle von Hinweisen auf Tartessos finden, das in der klassischen Altertumswissenschaft inzwischen als historische Größe gilt, und obwohl Platon und Strabon von 9.000 bzw. 6.000 Jahre alten schriftlich kodifizierten Gesetzen sprechen, sind bislang weder ein einziger atlantisch-tartessischer Schriftsatz noch eine Stadt gleichen Namens gefunden worden. Haben die Atlantis- und Tartessos-Gegner am Ende nicht doch Recht mit ihrer Skepsis? Zumindest bleibt die Frage offen, wer oder was Tartessos nun wirklich war: eine Dynastie, eine Stadt, ein Königreich? Die Vermutung erhärtet sich, daß – wie »Griechen« ein Sammelbegriff der Römer und »Spanien« eine Verlegenheitsbezeichnung der Phöniker für *Xi-shepanin*, das Land »der Klippschliefer« war – wohl auch der Name »Tartessos« eine Schöpfung der Phöniker war, wobei aus dem Synonym für eine Richtung ein Ortsname, ein Toponym, wurde.

Tarte, soviel scheint sicher, ist das phönizische Wort für Abendstern, Abend oder die Richtung des Sonnenuntergangs, also Westen. Auch im Namen As-Tarte, der phönikischen Vorgängerin der römischen Venus, hat der gleichnamige Stern dieselbe Bedeutung. Im Chaldäischen ist Tarsis oder Tarschisch, das in der Bibel 21 mal vorkommt, ein Synonym für Westen. Und für die Griechen war der Westen gleichbedeutend mit dem Tartaros, dem Schattenreich des Gottes der Unterwelt. Das griechische Tartessos für »Reich im Westen« hat sich dann in der jüngeren griechisch-lateinischen Geschichtsschreibung erhalten als Begriff für jenes Goldland im Westen, dessen eigentlichen Namen wir nicht kennen. Das Fehlen einer Hauptstadt, nach der in der Antike fremde Länder gerne benannt wurden, legt die Annahme nahe, daß es sich um einen lockeren Städtebund gehandelt haben könnte. Sollte dies der Fall gewesen sein, dürfte die Suche nach einer Stadt namens Tartessos vergleichbar Troja oder Knossos wohl ewig vergeblich bleiben.

Oder ist Tartessos als Ortsbezeichnung womöglich noch viel älter, vielleicht frühneolithisch? Jedenfalls bleibt zu erwägen, ob – etymologisch erschlossen aus dem Baskischen – Tartessos sich herleitet aus der paläolithischen Urformel *tarte-xili*, was soviel bedeutet wie zwischen zwei Meeren. Die östlichen Mittelmeeranrainer könnten dieses Wort dann als Synonym für Westen bzw. alles, was mit Westen zu tun hat, übernommen haben. Allerdings verlassen wir mit solchen Spekulationen das Terrain gesicherter historischer Forschung. Eines aber steht fest: Tartessos ist und war aber mehr als bloß ein Name.

Phöniker und Punier – erste afrikanische Besetzung

Wenngleich die legendäre, bei den griechischen Geschichtsschreibern für die Zeit um 1100 v. Chr. angegebene Gründung der phönizischen Niederlassung Gades (Cadiz) durch keinerlei archäologische Funde aus dieser frühen Zeit belegt ist, so markiert das Datum doch deutlich einen Wendepunkt in der Geschichte der Alten Welt, nämlich die Verlagerung des kulturellen, wirtschaftlichen und politischen Schwerpunktes ins östliche Mittelmeer. Die Gründung von Gades durch die Phöniker um diese Zeit erscheint umso plausibler, als sie in Zusammenhang gesehen werden könnte mit Ereignissen und Katastrophen der beiden vorangegangenen Jahrhunderte wie dem legendären Untergang von Atlantis (siehe Platons Atlantisbericht), dem geheimnisvollen Niedergang von Mykene und Knossos, gewaltigen Naturkatastrophen, der ersten Ausbreitungswelle der sogenannten Kelten (Urnenfeldkulturen), der dorischen Wanderung, dem Krieg um Troja und dem Eindringen der Seevölker in den östlichen Mittelmeerraum. In diese und die darauf folgende Epoche fallen ferner die Konsolidierung der dorischen und ionischen Stämme in der Ägäis – die Voraussetzung für die zunächst gemeine Westkolonisation von Griechen und Phönikern –, der Beginn der Eisenzeit, die Gründung der Handelsniederlassung der Euböer in Nordsyrien um 820 v. Chr. und die Gründung Karthagos (phönizisch »Kart Hadascht«) als der ersten Niederlassung der Phöniker in Nordafrika um 814 v. Chr. Tatsächlich hat die junge spanische Archäologie für die späte Bronzezeit in Schmuckformen, Waffentypen und bei metallurgischen Techniken einen Höhepunkt des atlantischen Einflusses auf Südiberien und somit Tartessos festgestellt, während ab der letzten Jahrtausendwende vor Christus ein zunehmender orientalischer Einfluß zu verzeichnen ist, was aus den neuen Handelskontakten Spaniens mit dem östlichen Mittelmeerraum – nunmehr in umgekehrter Richtung – erklärlich ist.

In der Folge gründeten die Phöniker weitere Handelskontore an der andalusischen Küste wie Malaka (Malaga), Sexi (Almunecar) und Abdera (Adra). Im Laufe der Zeit übernahmen sie offenbar vollständig die ehemalige Vermittlerrolle der Tartessier zur See nach Norden. Auf den alten tartessischen Atlantikrouten nach England, Irland, Frankreich, zu den Kanaren und Azoren und entlang der nordafrikanischen Küste segelten nun tartessische Seeleute unter phönizischen Kapitänen. Wie es heißt, sollen phönizische Schiffe schon vor 600 v. Chr. ums Kap der Guten Hoffnung, der Karthager Himiliko um 525 v. Chr. nach Südengland, König Hanno von Karthago um 520 v. Chr. nach Kamerun und andere sogar bis Südamerika gesegelt sein. Nach dem Seesieg von Alalia bei Korsika (540/535 v. Chr.) zerstörten die nordafrikanischen Nachfahren der Phöniker, die Karthager, von den Römern Punier genannt, die griechische Kolonie Mainake östlich von Malaga. Wenig später, 509 v. Chr., schlossen sie dann mit den eben erst republikanisch gewordenen Römern jenen für das atlantische Europa so verhängnisvollen Vertrag über die Vorherrschaft im westlichen Mittelmeer, der die berüchtigte Klausel *non plus ultra* enthielt, derzufolge künftig kein nicht-phönizisches Schiff die Säulen des Herkules passieren durfte. 348 v. Chr. wurde der Vertrag erneuert. Da die Karthager ihr bei den Tartessiern erworbenes Wissen über die Schiffahrtsrouten auf dem und über den Atlantik streng geheim hielten und Südwestspanien mit Beginn der Eisenzeit überdies vorübergehend ins wirtschaftliche Abseits geriet, fielen ihre navigatorischen Kenntnisse in Vergessenheit bzw. fanden Eingang in Mythen und Legenden. Westlich der Säulen des Herkules, dort wo vorher jahrtausendelang das Land des ewigen Lebens, der Glückseligkeit und der paradiesischen Gärten gelegen hatte, lag nun das endlose Weltmeer, das Ende der bewohnten Welt, das Reich der tiefen Nacht.

Im ehemaligen Tartessos, genauer gesagt im Hinterland der nun phönizisch beherrschten Küste, war allerdings keineswegs die ewige Nacht eingekehrt. Auch wenn in der Eisenzeit Kupferminen nicht gerade Hochkonjunktur hatten, wurde Bronze weiterhin noch jahrhundertelang bei der Herstellung von Werkzeugen, Alltagsgerät und Kultgegenständen benötigt. Und dann war da ja noch das fruchtbare Guadalquivir-Becken. Als dann der Silberbedarf durch die Einführung des Münzwesens erheblich anstieg, bedeutete dies für Tartessos, das Turdetanos der Römer, einen erneuten Aufschwung. Herodot zufolge hieß der letzte König von Tartessos Argantonio. Er soll von ca. 650 bis 550 regiert haben. Diese ungewöhnlich lange Regierungszeit, die Erwähnung mehrerer Könige gleichen Namens wie auch der Name selbst, der nichts anderes bedeutet als »Herr des Silbers«, lassen vermuten, daß es sich um einen Titel handelt. Aus dem sagenhaften Goldland von einst war nun ein Silberland geworden.

In die Zeit der Argantonio-Herrscher wird vor allem das großartige Heroen- oder Königsgrab von Pozo del Moro (Albacete) datiert. Es belegt eindrucksvoll den Wiederaufstieg von Tartessos. Auch berichtet Diodor, daß karthagische Schiffe, die mit Tartessos Handel trieben, dort ihre Blei- gegen Silberanker tauschten.

Nach dem Seesieg von Alalia wurde es um Tartessos stiller, doch geben reiche Bodenfunde Einblick in das Leben der Spättartessier und deren Waffenkunst und Kriegsführung. Die *falcata*, ein Krummschwert mit konkaver Schneide, das gefürchtete *soliferrum*, ein vollständig aus Eisen geschmiedeter Kurzspeer, ausgezeichnete Pferde und Gesichtsplattenhelme vermitteln ein Bild vom tartessischen Berufssoldaten, der die Guerillatechnik perfekt beherrscht, und von einer für ihre Zeit einzigartigen Kavallerie, die die iberischen Krieger zu gefürchteten Gegner machten.

Ruhige Zeiten – Die *pax romana*

Nachdem die Barkiden im Jahr 241 v. Chr. ihren ersten Waffengang mit Rom verloren hatten, ließ Hamilkar Barkas nicht nur seinen elfjährigen Sohn Hannibal schwören, die Römer sein Leben lang als Feinde zu betrachten, sondern änderte auch die bisher großzügige Politik gegenüber der iberischen Bevölkerung im Hinterland. Der betische Weizen, das tartessische Silber und die gefürchteten Krieger boten Grund genug, die Iberische Halbinsel nun militärisch zu unterwerfen und 225 v. Chr. Neukarthago, das heutige Cartagena, zu gründen. Mit dieser Annexion des spanischen Hinterlandes wurde das Geschick Andalusiens und Ostspaniens verknüpft mit dem des Karthagischen Reichs. Im Besitz der reichen Ressourcen Iberiens und der für Rom gefährlichen Landverbindung nach Italien konnte Hannibal 218 v. Chr. schließlich an die Verwirklichung seiner Kriegspläne gehen. Aber trotz großer Anfangserfolge verloren die Karthager auch den Zweiten Punischen Krieg.

Nach dem *dies ater* von Cannae besaß Rom in Publius Cornelius Scipio dem Älteren den kongenialen Gegenspieler zu Hannibal, der dessen Taktik in die römische Strategie übernahm, den Gegner in seiner eigenen praktisch wehrlosen spanischen Landbasis angriff und so die Wende des Krieges herbeiführte. Die Stationen des siegreichen jungen Prokonsuls hießen Cartagena (209 v. Chr.), Bailen (207 v. Chr.) und 206 v. Chr. Ilipa, das heutige Alcala del Rio. Damit war entschieden, daß die Iberische Halbinsel römisch wurde. Für seine ver-

wundeten Legionäre ließ Scipio nördlich von Sevilla ein Lazarett mit befestigtem Lager errichten, das er zur Erinnerung der Soldaten an ihre Heimat Italica nannte. Es war die erste römische Niederlassung auf der Iberischen Halbinsel. Zwei bedeutende römische Kaiser sollten in Italica später das Licht der Welt erblicken: Trajan und Hadrian.

Die neuen Herren unterteilten Spanien zunächst in die zwei Großprovinzen Hispania Citerior und Hispania Ulterior. Die eigentliche Romanisierung sollte bis 19 v.Chr. dauern. Unter Augustus wurde Hispanien schließlich in drei Provinzen geteilt: Provincia Hispania Tarraconensis (Tarragona), Provincia Hispania Lusitania (Westspanien, das heutige Portugal) und Provincia Hispania Betica (Südspanien), genannt nach dem Fluß Betis, der heute Guadalquivir heißt.

Laut Strabon wurden die ehemaligen Turdetaner so gelehrige Schüler Roms, daß sie sehr rasch ihre eigenen Gesetze, Gepflogenheiten und Sprache vergaßen. Zu den bedeutenden Persönlichkeiten, die das ehemalige Tartessos in römischer Zeit hervorbrachte, zählen u.a. Pomponius Mela, Columella, Lukan und Seneca. Nach dem Bürgerkrieg, dem *bellum civilis* Caesars, blieb die Betica nicht nur eine ruhige und loyale Provinz, sie trug mit ihren natürlichen Ressourcen wie (konserviertem) Fisch, Getreide, Pferden, Oliven, Wein, Salz und Mineralien wesentlich zum Reichtum und Glanz der neuen *caput mundi* bei.

Zahlreiche Zeugnisse dieser für Südspanien recht friedlichen, ja behaglichen Zeit finden sich verstreut im ganzen Land, so, um nur ein paar Beispiele zu nennen, in Malaga (Theater), Mulva (Heiligtum), Bolonia (Forum, Tempelreste), Cordoba (Brücke, Tempel), Acinipo (Fundamente von öffentlichen Bauten) und Italica (Thermen, Straßenzüge, Amphitheater, Theater usw.). Offenbar genossen es die ehemaligen Tartessier, nicht mehr im Zentrum, sondern in Ruhe gelassen am Rande der Welt zu wohnen. Daß die Welt bei ihnen nicht zu Ende war, wußten sie ja, wenn auch vielleicht als einzige, und es sollte noch rund anderthalb Jahrtausend dauern, bis die Alte Welt – wiederum von ihren Gestaden ausgehend – erfahren sollte, daß es jenseits des Atlantik noch eine andere Welt gab, die dann die Neue genannt wurde.

Barbarisches Zwischenspiel – Glanzlicht im Dunkel – Geburt der spanischen Nation

Abgesehen von Scharmützeln im Bürgerkrieg währte die Idylle der *pax romana* länger als ein halbes Jahrtausend – bis das zerfallende Imperium auch seine westlichsten Provinzen mit in den Strudel der späten Völkerwanderung riß. Im Jahr 409 durchzogen Alanen, Sueben und Vandalen das weite Land südlich der Pyrenäen. Und bereits zwanzig Jahre später überquerten Alanen und Vandalen die Straße von Gibraltar, da sie sich in der einstigen Kornkammer des Reiches lohnenden Siedlungsraum versprachen.

Römerstraße in Italica

Cordoba, römischer Tempel

Nur zwei Jahre nach den ersten Germanentrecks drangen, wenn auch zunächst nur für kurze Zeit, die Westgoten bis Tarragona vor, um anschließend zwischen Atlantik und Rhône, zwischen Loire und Pyrenäen ihr tolosanisches Reich zu errichten – ein Reich, das dieses ostgermanische Volk ab 448 auch auf das Gebiet jenseits der Pyrenäen ausdehnte. Erst nach ihrer verheerenden Niederlage gegen die vereinten Franken und Burgunder bei Vouillé im Jahr 507 zogen sich die Westgoten in die auf der Iberischen Halbinsel gelegenen Teile ihres Reichs zurück, wo sie ihre germanischen Konkurrenten, die im Land gebliebenen Sueven, vernichteten, bis zum Betis (Guadalquivir) vordrangen und schließlich ein neues Reich gründeten mit Toledo als Hauptstadt. Ihre Akzeptanz in ihrem neuen »Gastland« wurde allerdings dadurch erschwert, daß sie andere Gesetze und Lebensformen (Feudalwesen, Wahlkönigtum) mitbrachten, einer anderen Religion (Arianismus) anhingen, anderer ethnischer Abstammung waren als die Masse der römisch-hispanischen Untertanen und zudem anfänglich noch eine Rassentrennungspolitik betrieben.

Als die Berbertruppen Tariks den Westgotenkönig Roderich 711 am Guadalete bei Jerez de la Frontera vernichtend schlugen, war die Barbarenherrschaft beendet und der Leib des iberischen Mutterlandes von einem lästigen Parasiten befreit. So jedenfalls lautet der Grundtenor der seit Generationen unveränderten spanischen Bewertung des westgotischen Intermezzo. Bestenfalls wird den unsympathischen germanischen Gewalttätern als einzige kulturelle Großtat zugestanden, daß sie der arabo-andalusischen Kultur deren Hauptmerkmal, den Hufeisenbogen, als Erbe hinterlassen haben.

Doch die Westgoten verschwanden nicht spurlos vom spanischen Erdboden. Im Gegenteil, ihr eigentlicher Beitrag zur spanischen Geschichte setzte erst 711 ein und war weit gewichtiger als viele dies gern wahrhaben möchten. Die Herrschaft der Westgoten in Spanien (507-711) gilt im Abendland als Zeit des Wandels zwischen den großen Epochen. Sie bietet jenes hochinteressante Ineinandergreifen von zäh fortlebender Antike und beginnendem Mittelalter, jenes so schöpferische Amalgam aus römischem Erbe, germanischen Elementen und

Benadalid

Christentum. Als Ferment in diesem Jahrhunderte währenden Gährungs- und Wandlungsprozeß kommt der Rolle der Westgoten in Spanien eine geradezu paradigmatische Bedeutung zu. Nur einige Aspekte seien hier hervorgehoben.

Zunächst waren die Westgoten nicht als bilderstürmende, kulturelle Barbaren in ihr späteres Reichsgebiet gekommen. Der listige Honorius hatte die für ihn bedrohlichen Eindringlinge aus Italien weggelobt und als *foederati* nach Gallien geschickt. Als offizielle Repräsentanten der legitimen Ordnungsmacht waren sie also zunächst nach Gallien und von da nach Iberien gekommen. Stolz auf diese Funktion verstanden sich die germanischen Epigonenkönige als Vertreter der römischen Zivilisation. Für ihre Untertanen gab es also keinen Bruch im Alltagsleben. Schwierigkeiten bereitete den neuen Herren allerdings das ihnen fremde römische Recht sowie die für sie nicht einsichtige Funktionsweise der merkantilen Wirtschaft der im Prinzip urbanen Zivilisation der Antike. Während der Ausgleich mit dem römischen Recht relativ früh erfolgte, sollte sich die auf dem Zusammenwirken von Handel, Handwerk, städtischer Mittelschicht und Landwirtschaft basierende Wirtschaftsform im Norden Spaniens erst sehr spät, nämlich im 19. Jahrhundert, im übrigen Spanien dagegen bis heute nicht vollständig durchsetzen.

In der angeblich durch die kulturlosen Germanen verschuldeten finsteren Zeit des frühen Mittelalters leuchtete neben der offiziellen Residenzstadt Toledo einsam der Stern Andalusiens, genauer gesagt Sevillas, am Firmament des im Entstehen begriffenen christlichen Abendlands. Quelle dieses einsamen Lichts im europäischen Dunkel waren die so tiefgläubigen wie hochgebildeten Mitglieder einer einzigen Familie Sevillas, von denen nicht weniger als vier kanonisiert wurden. Die beiden bedeutendsten waren Leander und Isidor.

Nachdem es König Atanachild 554 gelungen war, die kurzzeitig erfolgreichen Byzantiner wieder aus dem Land zu werfen, von dieser Seite also keine Hilfe mehr kommen konnte, beschritt Erzbischof Leander den direkten Weg. Tatsächlich gelang es dem unermüdlich missionierenden Leander 589, den neuen König Reccared von der Notwendigkeit zu überzeugen, zur römischen Konfession überzutreten. Der Übertritt des Königshauses und damit offiziell aller Westgoten zum Glauben des Volkes wurde auf dem 3. Konzil von Toledo feierlich besiegelt. Damit war eine tiefe Kluft zwischen Herrscherhaus und Staatsvolk dauerhaft überbrückt. Gleichzeitig mit seinen Missionierungsversuchen bei den Westgoten hatte Erzbischof Leander seinen jüngeren Bruder Isidor, seines Zeichens Kanonikus an seiner Kathedrale, dazu angeregt, das gesamte Wissen seiner Zeit in einer Enzyklopädie zusammenzutragen. Diesem hohen Ziele diente am Ende eine ganze Kathedralschule in Sevilla, die damit zum Glanzlicht ihres Jahrhunderts wurde. Während man zur selben Zeit im von den Langobarden bedrohten Rom unter der Ägide Gregors des Großen, des Begründers der mittelalterlichen römischen Kirche, daran ging, die Spuren der Antike und deren Wissen wenn schon nicht auszutilgen, so doch wenigstens vergessen zu machen, um einer neuen Religion Raum zu schaffen, war man am westlichen Ende des Mittelmeeres, dort wo die Welt angeblich zu Ende war, damit beschäftigt, ebendieses Wissen der Antike für die Nachwelt zu bewahren.

Im Jahre 600 folgte Isidor, der letzte Kirchenvater der alten Kirche und letzte Polyhistor der Antike, seinem verstorbenen Bruder Leander auf der Kathedra von Sevilla nach. Der Einigungsprozeß Spaniens, nun unter Führung katholischer Könige der hispanischen Liturgie, wurde unter dem Einfluß der Juristen der isidorischen Schule von Sevilla weitergetrieben und 654 durch König Reccesvinth mit der Promulgation des *liber judiciorum* auf eine neue Rechtsgrundlage gestellt. Die westgotischen Könige verstanden sich inzwischen als naturalisierte Spanier, nicht mehr als Fremdherrscher, und betrachteten Spanien als ihr Vaterland. Im neuen Gesetzbuch ist folglich auch die Rede von einer Monarchie *totius hispaniae*. Damit ist erstmals in der Geschichte der Iberischen Halbinsel der Gedanke einer spanischen Nation geboren und in einem Herrschaftsordo formuliert. Die westgotischen Könige der späteren Phase sind also zusammen mit der isidorischen Schule von Sevilla die eigentlichen Schöpfer des neuen spanischen Nationalgedankens.

Der meist als Usurpator hingestellte letzte westgotische König Roderich war alles andere als ein verräterischer, machtlüsterner Schurke auf dem Königsthron. Das westgotische Königtum war – wie alle anderen germanischen Königtümer – ein Wahlkönigtum. Nach dem Tode von König Witiza hatte der Kronrat, bestehend aus Angehörigen des Hochadels und den höchsten Würdenträgern der Kirche, Roderich (Rodrigo), den Herzog der römischen Provinz Betica, zum neuen König gewählt. Die Söhne Witizas fochten die Rechtmäßigkeit der Wahl an. Verstrickt in die Thronfolgekämpfe waren Roderich zunächst die Hände gebunden, als Tariks Invasionsheer in Gibraltar landete. Als Roderich schließlich dem Feind entgegentrat, tat er dies in Erfüllung seiner Pflichten als rechtmäßiger Landesherr, doch schwere taktische Fehler sollten ihn Leben und Königreich kosten. Die nunmehr königslosen, untereinander zerstrittenen westgotischen Adeligen waren vorübergehend nicht in der Lage, die Verteidigung zu organisieren. Bis sich die westgotische Führungsschicht zur Verteidigung neu formiert hatte, waren bereits drei Viertel der Iberischen Halbinsel von den Streitern Allahs überrannt.

Doch nun begann ein drittes, meist übergangenes Kapitel der Geschichte der Westgoten in Spanien: die Reconquista. Fast alle Würdenträger und Potentaten Spaniens und Südfrankreichs rekrutierten sich damals aus Mitgliedern westgotischer Familien, hier einige prominente Beispiele: Theodulf von Orléans, Bischof, Freund und Berater Karls des Großen, war ein aus Spanien geflohener Westgote; der große Reformer des Benediktinertums und Reichsabt unter Ludwig dem Frommen, Benedikt von Aniane, war Westgote; der Ahnherr des Grafengeschlechts von Barcelona und der späteren Könige von Aragon war Westgote; die nordspanischen Kleinkönige beispielsweise von Asturien oder León waren Nachkommen westgotischer Adeliger – die Liste ließe sich beliebig verlängern. Über die Westgoten von Asturien kam der einst toledanische Anspruch auf eine *monarchia totius hispaniae* und die Vorstellung von einem an die Moslems verlorenen Spanien nach León und von dort nach Kastilien. Allein die einst westgotische, nun naturalisierte spanische Militärkaste war fähig zum organisierten Widerstand. Der niedere westgotische Adel hatte die Möglichkeit, sich im Kampf gegen die Mauren durch Tapferkeit höhere Titel zu erwerben und die eigenen Lehen zurückzugewinnen. Ein typisches Beispiel dafür ist der Aufstieg des Hauses Trastamara. Wenn die mittelalterliche Geschichte Spaniens von 711 bis 1492 die doppelte Geschichte des islamischen Spanien und der Reconquista ist, dann ist die letztere notwendigerweise die Geschichte der Nachfahren der Westgoten in Spanien.

Anteguera

Unter dem grünen Banner des Propheten

Die Eroberung (711-756)

Erzählen vom »süßen Duft von Andalus, dem frischen und zarten Blütenzweig« (Al-Maqqari) ist keine so ungetrübte Freude, wie uns die Panegyriker des Zauberlandes Al-Andalus so wortreich glauben machen wollen. Wie jene »Zier der Welt« sich zur vollen Blüte entfaltete und wie sich dieser heute fast legendäre hispanische Ableger der islamischen Zivilisation wie mit einem langsamen Selbstmord von der Bühne des Weltgeschehens verabschiedete ausreichend differenziert nachzuzeichnen, wäre eine Sisyphusarbeit, gälte es doch zu zeigen, daß die simple Schulbuchweisheit von Europa (Christenheit) hier und Afrika (Islam) dort nicht ausreicht. Daß Europa, wenn auch nur partiell, islamisch war, erscheint eher als ein Irrtum der Geschichte, denn als historisches Faktum. Es hat etwas ganz und gar Irreales, das die mitteleuropäischen Badeurlauber von der Costa del Sol zutiefst verunsichert, wenn sie staunend, aber meist ohne echtes Verständnis durch die Traumwelt des Säulenwaldes der Mezquita in Cordoba oder die verzauberten Hallen und Höfe der Alhambra hetzen, ohne die vom genius loci ausgehende Einladung zur Ruhe und Besinnlichkeit an- oder auch nur wahrzunehmen.

Eine nichtchristliche Zivilisation auf europäischem Boden, die den Europäern nach Jahrhunderten des politischen und wirtschaftlichen Niederganges durch die Übersetzungen u.a. des *Almagest* des Ptolemäus, der *materia medica* des Dioskurides, sämtlicher Werke des Aristoteles inklusive Kommentar oder der *Optik* und der *Elemente* des Euklid erst wieder beibringen mußte, was griechische Philosophie, Astronomie, Medizin, Optik, Mathematik, Chemie und Pharmazie waren oder was eine *camera obscura*, sphärische und parabolische Spiegel, optische Linsen, die Zahl Null, das Stellenwertsystem der Zahlen und die indische Mathematik alles vermochten!

Was wäre unser Speisezettel ohne Zucker, Reis, Pfirsiche, Aprikosen, Wassermelonen, Artischocken, Zitronen, wilde Feigen, Safran, Spinat, Kaffee oder Auberginen? Wie langweilig wäre unser Leben ohne Musik mit arabischen Instrumenten wie Gitarre oder Flöte oder ohne Schachspiel, Segelregatten usw.? Über das islamische Spanien lernte Europa Baumwolle und Papier kennen. Hunderte von ursprünglich arabischen Wörtern, die aus unserer Sprache nicht mehr wegzudenken sind, wie Alkohol, Azur, Algebra, Algorhythmus, Alchemie, Borax, Sorbet, Kampfer, Elixier, Nadir, Zenit, Jasmin oder Ziffer ergeben ein ganzes *Kleines Lexikon deutscher Wörter arabischer Herkunft.*

Daß es zu all dem kam, dafür steht ein einziges Datum: das Jahr 711. In ihrer Bedeutung als Wendepunkt der Weltgeschichte sind solche geradezu magischen Jahreszahlen kaum zu überschätzen. Die historischen Konsequenzen machen auch aus dem Jahr 711 eine solche Zahl, bei der man den »Magnetismus der Geschichte« wie einen Rückenschauer erlebt.

Angefangen hatte alles recht bescheiden. Doch der Funke war zur Feuersbrunst entfacht, dessen Fanal bis zur Loire leuchtete. Bereits 670 hatten die islamischen Reiterscharen weite Teile Nordafrikas erobert und südöstlich von Karthago ein *kairawan*, das heißt Lager errichtet, das zur vorübergehenden Hauptstadt Kairouan wurde. Die freiwillige Annahme des Islam durch die Berber weitete den Horizont dieser omayadischen Provinz Ifrikija bis zum Atlantik aus und brachte willkommene Verstärkung der zahlenmäßig kleinen arabischen Truppenkontingente. Seit 705 herrschte über Ifrikija der omayadische Wali Musa ibn Nusair. Das Bestreben einer Expansion der islamischen Welt nach Europa war zu diesem Zeitpunkt nicht erkennbar.

Das westgotische Spanien dagegen befand sich in einer Phase des Auf- bzw. Umbaus und somit in einer eklatanten Schwächeperiode. Die einst blühende spanische Wirtschaft lag infolge massiver, behindernder Eingriffe durch die westgotischen Könige und Adeligen weitgehend darnieder. Hinzu kam, daß die Abkehr der Westgoten vom Arianismus nur halbherzig und keineswegs vollständig erfolgt und die allgemeine Christianisierung weit davon entfernt war, abgeschlossen zu sein. Die jüdische Bevölkerung war verbittert über die Benachteiligung seitens der christlichen Herrscherkaste. Die Königsmacht Roderichs war gleichfalls umstritten.

Medina Sidonia, Arco de la Pastora

Die private Intrige eines westgotischen Vasallen soll dann den Stein ins Rollen gebracht haben. Der christliche Graf Julian von Tanger und Ceuta, dessen Tochter von König Roderich verführt und geschändet worden sein soll, hatte den Wali von einem leichten Eingreifen und von großer Beute in Spanien überzeugt. Doch Musa ibn Nusair war ein vorsichtiger Mann. Er schickte zunächst nur den Berberhäuptling Tarif ibn Mallu über den Estrecho. Erst nach dessen erfolgreichem Beutezug landeinwärts von Tarifa im Jahr 710 gab der Wali grünes Licht für eine größere Expedition unter der Führung seines Generals Tarik ibn Ziyad. Dessen 7.000, nach anderen Angaben 12.000 Mann starkes Kontingent, das hauptsächlich aus Fußvolk und nur wenig Reiterei bestand, schlug am 29. Juni 711 den überstürzt herbeigeeilten Roderich. Niederlage und Tod Roderichs wurden von den Arabern als Strafe Allahs hingestellt, wie aus der seit dem 8. Jahrhundert erzählten und noch in Ibn al-Kardabus *Geschichte Andalusiens* (*Kitab al-iktifa*) vom Anfang des 13. Jahrhunderts wiedergegebenen »Geschichte vom verriegelten Haus in Toledo« hervorgeht. Da Roderich diese erste wichtige Schlacht durch einen gravierenden taktischen Fehler verloren hatte, gingen auch die nachfolgenden christlichen Chronisten nicht gerade zimperlich mit diesem letzten westgotischen König um. *Vae victis!*

Im darauffolgenden Jahr setzte schließlich Musa ibn Nusair selbst mit weiteren 18.000 Kriegern nach Spanien über, um dem völlig desolaten Westgotenreich den Todesstoß zu versetzen. Die mit ihren alten Herrschern unzufriedene Bevölkerung öffnete den Eroberern zum Teil sogar freiwillig die Stadttore. Wie ein Orkan fegten die Berber- und Araberheere nun über die Iberische Halbinsel, um bereits 717 in Südfrankreich einzufallen. Das werdende christliche Abendland war geschockt. Nur so ist es zu erklären, warum fast jegliche militärische Gegenwehr unterblieb und die durch Zank und Rivalitäten arg geschwächte arabische Erobererschicht ihre erste Periode von 711 bis 756 weitgehend ungefährdet im fremden Land überleben konnte.

Das Emirat (756-929)

Der Ausgang der Schlacht vom 29. Juni 711 brachte für die Iberische Halbinsel drastische Veränderungen.
Die wichtigste war, daß es nun für Jahrhunderte zwei Spanien gab, eines im Norden zwischen Kap Finisterra und Navarra mit einer Reihe kleiner Königreiche, die zum Widerstand gegen die Araber bereit waren, und ein größeres mit Hauptstadt Cordoba, wo der Islam die neue Religion war. Im nördlichen Spanien waren die westgotischen Herren inzwischen so weit hispanisiert, daß sie nicht mehr als Fremdherrscher empfunden wurden, und das bislang eher locker gelebte Christentum wurde nun streng, dogmatisch und kämpferisch. Die spanische Geschichte ist von nun an die Geschichte der Reconquista, der Rückeroberung. Spanien wird zum Jakobsland, der Nationalheilige zum Matamoros, zum Maurentöter. Der große spanische Historiker Americo Castro hat gar die These aufgestellt, daß die Spanier überhaupt erst als Folge der muselmanischen Eroberung zur christlichen Nation wurden: die Verfestigung des Christentums während der Reconquista sozusagen als Gegenreaktion auf die Eroberung durch die Moslems.

Cordoba, Casa Carpio

Doch der Gegner war zunächst mehr als gleichwertig. Der Glaube, den die Eroberer mitbrachten, kollidierte kaum mit der Lebensweise der Einheimischen, die weitgehend kulturelle Autonomie zugestanden bekamen und – abgesehen von einer geringen zusätzlichen Steuer – keinerlei Unterdrückung erdulden mußten.

756 trat eine wesentliche Änderung der Lage ein. Der einzige dem abbasidischen Massaker von Damaskus entronnene Omayadenprinz Abd ar-Rahman war in Spanien gelandet und wurde vom regierenden Gouverneur Yusuf al-Fikri als neuer Emir akzeptiert. Damit beginnt die Geschichte des omayadischen Emirats in Spanien.

Zu den Mozarabern, Muladies, Juden, Berbern und nordafrikanischen Arabern kamen nun als sechstes Element die Anhänger des Abd ar-Rahman I., die syrischen Araber. Doch der letzte Omayade erwies sich als begabter und zielstrebiger Monarch. Er behielt das 717 anstelle von Toledo gewählte Cordoba am Guadalquivir – der Name ist abgeleitet von arabisch Wadi al-Kabir, großer Fluß – als neue Hauptstadt bei. Durch Straffung der Zentralgewalt, Hebung des Ansehens der nichtmuselmanischen Bevölkerung wie Mozaraber und Juden, Einführung eines stehenden Heeres und die Errichtung einer Juristenschule nach der Maliki-Tradition legte er die Fundamente für ein stabiles Staatswesen. Seine Lossagung vom abbasidischen Bagdad löste die erste Sezession innerhalb des islamischen Lagers aus und vermittelte Al-Andalus, wie die arabischen Eroberer ihr neues Land nannten, ein gewisses Nationalbewußtsein. Sichtbarer Ausdruck dieses neuen staatlichen und nationalen Selbstbewußtseins ist der erste Bau der Mezquita, der Großen Moschee von Cordoba.

Bis die neuen Landesherren ihrerseits eine eigene blühende Kultur entwickeln konnten, verging abermals reichlich ein Säkulum. Selbst arabische Autoren stimmen darin überein, daß erst ab dem Regierungsantritt von Abd ar-Rahman II. im Jahr 822 von einer eigenständigen arabisch-andalusischen Wissenschaft gesprochen werden kann. Durch den Einfluß von Gelehrten aus dem Osten erreicht Al-Andalus im 9. Jahrhundert in Astronomie, Musik, Literatur, Mathematik und Medizin ein den abendländischen Bildungsstandard weit überragendes Niveau. Doch die letzten dreißig Jahre des Emirats von Cordoba sind geprägt von Auflösungserscheinungen und Volksaufständen. Die Nachfolger Abd ar-Rahmans I. hatten die weisen Richtlinien des Staatsgründers vergessen, so daß sich vor allem die größte Bevölkerungsgruppe, die der Muladies, im eigenen Lande wie Fremde fühlte. Ihr Unmut brachte das Cordobeser Emirat fast zum Kollaps. Erst nach dem Tode des Rebellenführers Umar ibn Hafsun im Jahr 918 war diese Gefahr endgültig überwunden.

Cordoba, Maurischer Innenhof

Medina Azahra, Portikus

Leuchte des Abendlandes – das Kalifat von Cordoba

Entscheidenden Anteil an der Stabilisierung der Lage hatte der neue Emir Abd ar-Rahman III. Seine fast fünfzigjährige Regierungszeit (912-961) wurde zum absoluten Glanz- und Höhepunkt von Al-Andalus.

Nachdem die innere Gefahr beseitigt war, richtete Abd ar-Rahman III. sein Augenmerk auf die beiden großen Bedrohungen von außen. Mit zwei erfolgreichen Expeditionen gegen die nordspanischen Könige gab er diesen zu verstehen, daß bei ihm nichts zu holen war. Die andere Gefahr drohte von Nordafrika. Dort hatten 909 die schiitischen Fatimiden die aghlabidische Dynastie aus Kairouan vertrieben und sich im Maghreb fest etabliert. Der neue fatimidische Herrscher hatte mit Bagdad gebrochen und sich selbst zum Kalifen ausgerufen. Um der Gefahr einer fatimidischen Intervention in Al-Andalus zuvorzukommen, ließ sich Abd ar-Rahman III. im Jahr 929 daher ebenfalls zum Kalifen ausrufen.

Von nun an gab es in der islamischen Welt sogar drei Kalifen. Das Kalifat von Cordoba brachte in den 102 Jahren seines Bestehens die kulturelle Glanzzeit von Al-Andalus, manche meinen sogar von ganz Spanien. Der Kalif baute sich vor den Toren der Stadt Medina Al-Zahra, eine märchenhafte Residenz, deren beredte Ruinen noch heute von 1001 Nacht träumen lassen. Cordoba war zur größten Stadt der Alten Welt geworden – noch vor Byzanz und vielleicht sogar vor Bagdad. Die Schätzungen der Einwohnerzahl schwanken zwischen einer halben und einer Million. Cordoba, die Geburtsstadt Senecas, war zur Hauptstadt der Dichter, Künstler, Philosophen und Wissenschaftler aller Art aufgestiegen. Die Kalifatsbibliothek allein soll an die 400.000 Bände besessen haben. Daneben wurden weitere siebzig Bibliotheken gezählt. Von der weiträumigen Eleganz der Adelspaläste gibt heute noch der umgebaute *Palacio de Viana* Zeugnis. Kurz, Cordoba, die Residenz der andalusischen Kalifen, war die Perle des Wissens und der Künste der damaligen Welt, so daß fern in ihrem thüringischen Kloster Roswitha von Gandersheim neidlos preisen konnte: »Über dem Westen strahlt die leuchtende Zier der Welt – Cordoba.«

Über den Untergang des Kalifats selbst hinaus konnte die Stadt noch etwa zwei Jahrhunderte den hohen Stand ihrer Schulen und Universitäten halten. Die letzten großen Söhne Cordobas, diesem Treibhaus des Wissens der Welt, mußten gegen Ende des 12. Jahrhunderts ihre Werke schon im Exil vollenden, Averroës und Maimonides. Für Al-Andalus und besonders für Cordoba bedeutete das 10. Jahrhundert nicht das unversöhnliche Gegenüber dreier verschiedener Weltanschauungen oder religiöser Bekenntnisse und den Kontrast zweier unterschiedlich entwickelter Kulturen. Das Al-Andalus der Kalifenzeit war die Verwirklichung von Toleranz schlechthin, es war eine Epoche des Miteinander aller in einem blühenden Staatswesen, das weder wertende Unterschiede der Rasse noch der Religion kannte. Es herrschte Geben und Nehmen. Die alteingesessene Bevölkerung bediente sich des Arabischen, als wäre es ihre eigene Muttersprache, und die arabischen Mitbürger beherrschten ganz selbstverständlich die aus dem Lateinischen entstandene Volkssprache, das Romance. Besonders in der Oberschicht galten blonde Frauen aus Nordspanien als beliebte Bereicherung des Harems. Eine solche Nordspanierin war es, die maßgeblich zum Untergang des Kalifats beitrug. Abd al-Hakam II., der Sohn Abd ar-Rahmans III., hatte die baskische Prinzessin Subh – auf deutsch »Morgenröte« – geehelicht. Subh, seine Lieblingsfrau, gebar dem Kalifen den gewünschten Nachfolger Hisham II.

Beim Tode von Abd al-Hakam II. im Jahr 976 war der Kronprinz erst elf Jahre alt und damit noch nicht regierungsfähig. Zum Vormund und Reichsverweser war noch vom sterbenden Kalifen der erfahrene Yafar al-Mushafi eingesetzt worden. Doch der lebenslustigen Witwe Subh gefiel der junge, erfolgreiche und ehrgeizige Reiteroffizier Abu Amir offensichtlich weit besser. Mit ihrer Fürsprache wurde daher bereits zwei Jahre nach Abd al-Hakams Tod besagter Abu Amir zum Majordomus des Kalifenpalastes und damit zum mächtigsten Mann im Staat ernannt. Damit der rechtmäßige Kronprinz ihm nicht gefährlich werden konnte, verlegte Abu Amir den Regierungssitz in einen neuen Palast vor den Toren Cordobas, wo der inzwischen achtzehnjährige und damit offiziell volljährige Prinz von allen Regierungsgeschäften ferngehalten wurde. Abu Amir regierte mit starker Hand über Al-Andalus und brachte den nordspanischen Christen zahlreiche Niederlagen bei wie die Eroberung und Plünderung von Santiago de Compostela, weshalb er sich den stolzen Beinamen al-Mansor, der Siegreiche, zulegte. Schließlich eroberte er noch Teile Marokkos, wo sein Sohn in Fès als Vizekönig regierte. Nach dem Tode al-Mansors im Jahr 1002 und seines Sohnes (1008) sollte endlich der rechtmäßige Kalif Hisham II. den Staat lenken, doch der war nicht fähig dazu. Jährlich neue Kalifennachfolger verschlimmerten die Gesamtsituation, in der durch das Fehlen einer ordnenden Zentralgewalt die einzelnen Gebietsfürsten ihr eigenes Süpplein kochten und schließlich auf einer Versammlung in Cordoba das Kalifat im Jahre 1031 aufhoben. Damit war das glanzvolle Kapitel von Al-Andalus zu Ende. Die folgenden drei Perioden mit den Taifa-Königen und den beiden Intermezzi der Almoraviden und Almohaden können nur als Rückzugsgefechte des Islam aus Spanien betrachtet werden.

Cordoba, Garten im Palacio de Viana

Medina Azahra, Sandsteinrelief

Die Summe des Ganzen: die Mezquita

Die Zeit von der Gründung des unabhängigen Emirats bis zur Auflösung des Kalifats war gewiß die historisch bedeutsamste Epoche der Araberherrschaft in Spanien. Dem interessierten Reisenden steht der Sinn verständlicherweise mehr nach monumentalen, begehbaren Zeugnissen dieser ruhmreichen Vergangenheit als nach auf mehr oder minder sterile Museumsräume verteiltem Kleingerät. Besäße Kairo nur sein gewiß großartiges Archäologisches Museum, fände sich bestimmt nur ein Bruchteil des jährlichen Besucherstromes am Nil ein. Aber gottlob sind da ja noch ungleich eindrucksvoller die Pyramiden, die Sphinx, die großen Tempel von Abu Simbel, Luxor, Theben usw.

Auch die Kalifenzeit in Cordoba hat der staunenden Nachwelt zwei Wunderwerke hinterlassen, die etwas aus der großen Zeit von Al-Andalus vor Augen auferstehen lassen, die Mezquita, die Freitagsmoschee, und den Kalifenpalast von Medina al-Zahra. Die Große Moschee von Cordoba ist nicht nur die zweitgrößte und zugleich eine der ältesten der gesamten islamischen Welt, sie liefert auch durch die Abfolge ihrer unter Abd al-Rahman II., Abd al-Hakam II. und al-Mansor hinzugefügten Erweiterungsbauten ein getreues Diagramm der Entwicklung einer ganz eigenständigen Kunst in Al-Andalus.

Die islamische Moschee ist im Gegensatz zu den Gotteshäusern anderer Religionen kein Kultraum, in dem auf eine wie auch immer geartete Weise eine mystische Vereinigung mit der Gottheit vollzogen wird. Sie ist einzig und allein, wie das Wort *masjid* sagt, ein Ort des Gebetes und an bestimmten Tagen (Freitag, Ramadan) Verkündigungsort der heiligen Schriften des Korans. Vor allem in den früheren Jahren des Islam diente sie, in Ermangelung eines eigens dafür vorgesehenen Gebäudes, häufig auch als Koranschule (*medrese*).

Der erste, um 786 von Abd ar-Rahman I. veranlaßte Moscheebau lehnte sich im Norden an die alte westgotische Kathedrale S. Vincente an und folgte in ihrem Grundriß dem unter den Omayaden entwickelten Schema einer mehrschiffigen, überdachten Gebetshalle (*haram*) mit vorgelagertem Hof, Waschungsbrunnen und einem axial gesetztem Hofeingang mit flankierendem Minarett.

Cordoba, Blendbögen an der Mezquita

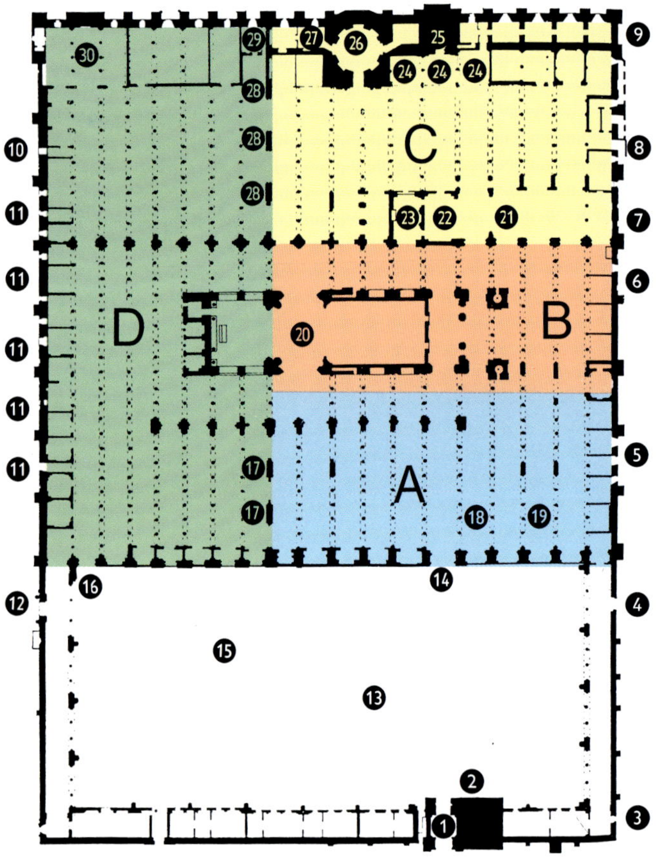

Cordoba, Grundriß der Großen Moschee

A 1. Bau unter Abd ar-Rahman I
B 1. Erweiterung unter Abd ar-Rahman II
C 2. Erweiterung unter Al Hakam II
D 3. Erweiterung unter Al Mansor

1 Puerta del Perdon
2 ehem. Minarett barocker Glockenturm
3 Puerta de la Leche **4** Puerta de los Deanes
5 Puerta de San Esteban **6** Puerta de San Miguel
7 Puertas de Alhaquen II **8** Puerta de Palacio
9 Puerta del Sabat **10** Puerta del Sagrario
11 Tore des Almansor **12** Puerta de Santa Catalina
13 Großer Vorhof (Portio de los Naranjos)
14 Puerta de las Palmas (ehem. Haupteingang)
15 großer Reinigungsbrunnen
16 heutiger Aus- und Eingang
17 Reste der Außenmauer des 1. Baues
18 Altar aus westgotischer Zeit
19 Kapitelle mit figürlichen Darstellungen
20 Neue Kathedrale (16. Jh.)
21 Alte Kathedrale (13. Jh.) **22** Capilla de Villaviciosa
23 Capilla Real **24** Mexuar **25** Mihrab
26 Capilla del Cardinal Salazar
27 Kirchenschatz (Tesoro)
28 Reste der Außenmauer des Al Hakam-Baues
29 Puerta del Chocolate **30** Sagrario

Cordoba, Große Moschee,
die Tragewände der Bethallen.

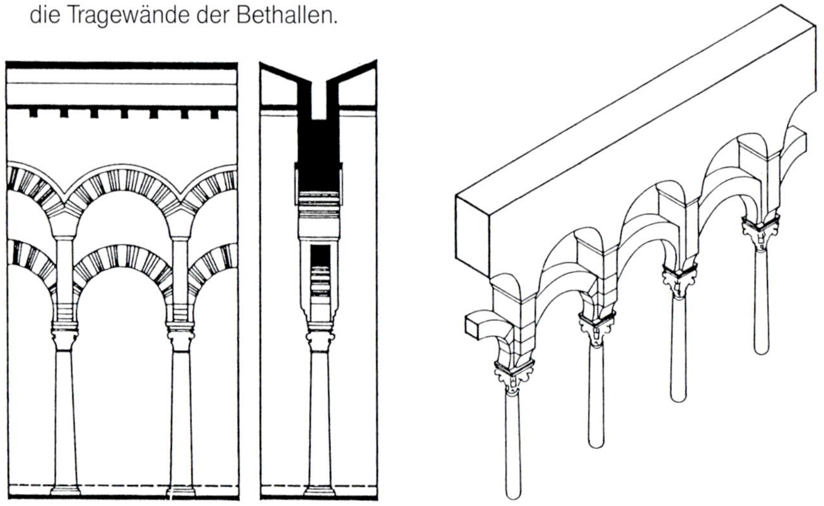

a) Aufriß b) Querschnitt c) Stereometrische Darstellung

Der Gründungsbau Abd ar-Rahmans I. bestand aus einer holzgedeckten Gebetshalle mit elf senkrecht zur *quibla*-Wand geführten Parallelschiffen, die über zwölf Joche durch Arkadenbögen miteinander verbunden sind. Das Mittelschiff ist um ein geringes breiter als die übrigen zehn Schiffe, seine Kassettendecke ist reicher geziert. An seinem südlichen Ende befand sich der *mihrab*, am gegenüberliegenden Nordende der Haupteingang, der zum Hof führte. In Achse des Mittelschiffs lag an der Nordseite der Hofmauer der Haupteingang zum großen Vorhof. In Ausdehnung und Grundriß erweist sich der Bau Abd ar-Rahmans I. somit als getreuer Nachfahre bereits traditioneller Moscheenbauweise.

Dennoch, von Anbeginn an, besaß der Cordobeser Bau eine Reihe von Eigentümlichkeiten im Detail, die ihn als Schöpfungsbau eines eigenen landesspezifischen Baustils auswies. Die wichtigste Neuerung und zugleich geniale Erfindung der Baumeister der Mezquita bestand in der ohne wirkliches Vorbild konzipierten, einzigartig gebliebenen Lösung der Arkadenstellungen. Da die 146 aus antiken Bauten stammenden Spoliensäulen mit 4,20 Metern eine zu geringe Höhe für die gemeinsame Eindachung aufwiesen, erfanden die Architekten Abd ar-Rahmans I. eine originelle, gänzlich neue Form von Doppelarkaden, bei der die unteren Arkadenbögen, die vom Kämpfer der antiken Spoliensäulen ausgingen, durch eine zweite Folge von Arkaden über Pfeilern, diese auf den Kämpfern der Säulen aufsetzend, mit beträchtlichem Höhengewinn verdoppelt wurden. Die Gesamthöhe betrug nun 8,60 Meter. Das Material für Mauern, Pfeiler und Arkadenbögen war massiver Haustein. Die Bogenstirn folgte dem spätantiken und byzantinischen Vorbild der alternierenden Setzung verschiedenfarbiger Keilsteine. Die unteren Bögen übernahmen überdies die in Spanien beheimateten, vermutlich von den westgotischen Architekten eingeführten Hufeisenbögen. Dem richtungslosen Wald von schier unendlichen Säulenreihen antwortet in der oberen Raumhälfte eine spannungsgeladene Raumvergitterung durch optisch sich überschneidende Bogensysteme mit überraschenden Lichteffekten.

Die wichtigsten Abweichungen von der üblichen Moscheenbauweise der Zeit und die gravierendsten Neuerungen sind also: Südorientierung (Vorbild war möglicherweise die Große Moschee von Damaskus), senkrecht zur *quibla*-Wand geführte Schiffe (Vorbild könnte die Erlösermoschee in Jerusalem gewesen sein), bemalte Holzdecke des Hauptschiffes, alternierend farbige Keilsteine in den Bögen, Inkrustationsschmuck von Mauer und Portal, Hufeisenbögen, Rollkonsolen und – vor allem – doppelte Arkadenreihen. Die nachfolgenden andalusisch-arabischen Baumeister haben bei den sukzessiven Erweiterungsbauten diese »Besonderheiten« als ihre Formensprache akzeptiert und im Detail weiterentwickelt. Der Sohn Abd ar-Rahmans I., Hisham I., schloß den Gründungsbau mit der Errichtung des Minaretts ab.

Bereits unter Abd ar-Rahman II. erwies sich die Hauptmoschee Cordobas als zu klein. Zwischen 833 und 852 folgte daher ein erster Erweiterungsbau, der die Proportionen der Mezquita I getreulich beibehielt. Einzige Neuerung sind elf Kapitelle der insgesamt 60 zusätzlichen Spoliensäulen, die nach dem Vorbild antiker korinthischer Säulen von einem moslemischen Steinmetz gefertigt sind und als Vorbild für die in der späteren Kalifen-Zeit typischen Kapitelle angesehen werden.

In den ersten fünf Jahren der Regierungszeit Abd al-Hakams II. wurde die Mezquita in südlicher Richtung ein zweites Mal erweitert. In dieser Ausbauphase erhielt die Cordobeser Moschee ihre prächtigste Ausstattung, jene Teile, die heute als die Glanzpunkte in der Bethalle gelten: *mihrab*, *maxura* und *capilla villaviciosa*.

Über Umfang und Details dieses dritten, für Architektur wie Dekorationskünste so wichtigen Bauabschnittes sind wir durch zahlreiche zeitgenössische Berichte genauestens informiert. Bereits in seinem ersten Regierungsjahr beauftragte Abd al-Hakam II. seinen ersten Minister Chaafar, einen freigelassenen Sklaven, mit der Oberaufsicht über den Erweiterungsbau. Die Arbeiten im Steinbruch wurden sofort in Angriff genommen. Im folgenden Jahr liefen bereits die eigentlichen Bauarbeiten an – trotz eines Hinderungsgrundes. Der strenggläubige Sunnit al-Hakam wollte den Neubau in strenger Ausrichtung nach Mekka, was eine Korrektur der Gebäudeachse um 17 Grad bedeutet und den Abriß der alten Teile nahezu erzwungen hätte. Die Architekten waren dagegen. Der angesehenste Koranlehrer Cordobas, der Alfaqui Abu Ibrahim, riet bedenkenlos zur Beibehaltung der vorgegebenen Baurichtung. Dies wäre eine unbedeutende Episode geblieben, wenn nicht später die radikalgläubigen Almohaden angeblich gerade deshalb ihre Hauptstadt nach Sevilla verlegt hätten. Die Kosten für das gesamte Bauvorhaben beliefen sich auf die damals recht beträchtliche Summe von 250.000 Dinar. Für die kostbare Ausstattung des Mihrab und des Maxura-Joches mit goldrundigen Mosaiken schickte Kaiser Nikephoros Fokas einige Zentner glasierte Steinchen begleitet von byzantinischen Meistermosaizisten, die einheimische Handwerker mitbeschäftigten, um sie anzulernen. Mozarabische Steinmetze, byzantinische Mosaizisten und arabische Dekorationskünstler in Stuck, Holz und anderen Materialien – kurz: das Beste, was die kalifale Kunst in Andalusien aufzubieten hatte, war eingesetzt für diesen ambitiösen Erweiterungsbau. Neben der Fortentwicklung des doppelten Bogensystems zu einem barocken Flechtwerk aus sich überschneidenden gelappten Bögen lag das völlig Neue in der veränderten Raumaufteilung und der Einführung revolutionärer Kuppeln mit Rippengewölben.

In Fortführung der ursprünglichen Mittelachse wurde das erste Joch des Neubaus, dort wo sich der *mihrab* des ersten Ergänzungsbaues aus der Zeit Abd ar-Rahmans II. befunden hatte – also die vordem heiligste Stelle –, durch ein Kuppeljoch betont. Flankiert wurde dieser erste zentrale Kuppelraum von zwei weiteren überkuppelten Räumen. Die westliche dieser Kuppeln wurde später beim Einbau der ersten christlichen Kathedrale im 13. Jahrhundert zerstört, während der östliche Kuppelraum beim Umbau durch Granadiner Meister im 15. Jahrhundert zur Capilla Real erhalten blieb. Am südlichen Ende dieses al-Hakam-Baues fanden die nördlichen Kuppelräume ihre Entsprechung und Steigerung in dem Vor-*mihrab*-Joch und den seitlich anschließenden zwei

Cordoba, Bethalle der Mezquita

Cordoba, Mezquita, Kuppel vor dem Mihrab

Maxura-Jochen. Während die drei nördlichen Kuppeln von arabischen Künstlern nur ausgemalt wurden, erstrahlen deren südliche Pendants im Glanz goldgrundiger byzantinischer Mosaiken erlesenster Qualität. Bogengitter aus sich überschneidenden gelappten Bögen mit reicher Stuckarbeit im Maxura-Joch, Lichtsteigerung und Mosaikkuppel bilden die wohlbedachte Vorbereitung auf den gleichfalls in strahlendem Gold aufleuchtenden Triumphbogen mit Alfizrahmung des Mihrab, der – von außen nicht erkennbar – von einer Muschel eingewölbt ist. Während fünf der Kuppeljoche mit Gewölben gedeckt sind, die sich aus vier parallel zur Jochbegrenzung und vier diagonal geführten rechteckigen Rippen zusammensetzen, fügt sich die Kuppel des Mihrab-Joches, ausgehend vom Oktogon, aus acht ausschließlich diagonal geführten Rippen zusammen, was eine sternförmige Vorbereitung der eigentlichen achtteiligen Kalotte ergibt.

Mit dem al-Hakam-Bau, der bereits 966 abgeschlossen war, erreicht die Kunst der kurzen Kalifen-Zeit ihren unbestrittenen Höhepunkt. Der in seinen Dimensionen beträchtlichste und letzte Erweiterungsbau unter al-Mansor kann weder im Formendetail noch in der Erfindungskunst gleichwertige Akzente setzen. Ebendies aber beabsichtigten die Domkapitularen, als sie im 16. Jahrhundert gegen die Stimme des Volkes den Neubau einer christlichen Kathedrale in der alten Mezquita durchsetzten. Ob den christlichen Bauherren dieses Vorhaben auch gelungen ist, wird sehr unterschiedlich bewertet.

Taifa-Könige, Almoraviden und Almohaden

Nachdem die Zentralgewalt von Cordoba einmal aufgelöst war, pulverisierte sich der mächtige Kalifen-Staat in ein Sammelsurium von rund dreißig Klein- und Kleinststaaten, von denen den wenigsten eine längere Lebensdauer beschieden war. In dem Maße, wie die politische Macht Cordobas schwand, wuchs der Einfluß Sevillas. Im reichsten Teil des ehemaligen Kalifats, im südlichen Gualdalquivir-Becken, konzentrierte sich nun alle Macht. Dort herrschte der Dichterfürst Emir al-Mutamid. Waren einst die christlichen Könige den Kalifen tributpflichtig, kehrte sich nun das Abhängigkeitsverhältnis zumindest in den Grenzregionen um. Die *reyes de taifas*, die Taifa-Könige, zahlten jetzt ihrerseits Schutzgebühren an die christlichen Könige, die – ermuntert durch die offensichtliche Schwäche des Gegners – rasch zum Gegenangriff übergingen. Als Alfons VI. von Kastilien schließlich 1085 Toledo einnehmen konnte, rief al-Mutamid auch im Namen der anderen Taifa-Könige, die durch Putsch in Marokko an die Macht gekommene religiös-fanatische Berber-Dynastie der Almoraviden zu Hilfe und trug Yusuf ibn Tasfin von Marrakesch die Oberhoheit über Al-Andalus an. Der schlug zwar in der Schlacht von Zalaca bei Badajoz Alfons VI. vernichtend, aber erst 1089 schickten sich die Almoraviden an, endgültig von Spanien Besitz zu ergreifen.

Mit dem Almoraviden Yusuf und seinen Nachfolgern wehte ein neuer Wind durch Al-Andalus. Die strenge, ja fanatische Auslegung des Koran durch die neuen Herrscher machte Schluß mit der einstigen Toleranz, stärkte die Macht der orthodoxen Alfaquies und legte ein strenges Joch auf die andersgläubigen Mitbürger wie

Malaga, Alcazar und römisches Theater

Juden und Mozaraber. Wie zuvor schon das Christentum in Nord-Spanien, so wurde nun auch der Islam im Süden der Iberischen Halbinsel dogmatischer, starrer und militanter. Doch kaum hatten sich die Almoraviden in ihrem neuen Land dem dort gewohnten humaneren Lebensstil zu öffnen begonnen und umgängliche Formen des Zusammenlebens wieder ermöglicht, als das Ende der einst so strengen Reformgruppe ausgerechnet in ihrem Herkunftsland Marokko durch eine neue, noch fanatischere Islambewegung, ebenfalls von Berbern aus dem Hohen Atlas getragen, in Nöte gebracht wurde. Aufstände in Al-Andalus und Bedrohung im Herkunftsland ließen das iberische Reich der Almoraviden erneut in eine zweite Phase von Kleinkönigtümern zerfallen. Die christlichen Könige nutzten sofort wieder die Schwäche ihres islamischen Gegners. Alfons el Batallador von Aragon eroberte 1118 Saragossa und Alfons VII. von Kastilien drang erstmals in andalusisches Territorium ein. Zwei weitere Volksaufstände in den Jahren 1144 und 1145 vertrieben die mittlerweile verhaßten Almoraviden endgültig aus Spanien und bereits zwei Jahre später hatten die neuen Streiter des Islam, die Almohaden, ihre Vorgänger auch in Marokko ausgelöscht.

Auf der anderen Seite der Straße von Gibraltar trug sich Abd al-Mumin, der Gründer der Almohaden-Dynastie, bereits 1162 mit dem Gedanken einer Invasion in Al-Andalus, um seinen dortigen Glaubensbrüdern beizustehen. Aber erst sein Sohn und Nachfolger Abu Yaqub Yusuf al-Mansor konnte 1171 mit der Einnahme von Sevilla den Einfluß der Almohaden begründen und festigen. Sevilla war von Anfang an die neue Hauptstadt der Almohaden in Spanien. Zu früh hatten die christlichen Könige im Vertrag von Cazorla Andalusien untereinander bereits aufgeteilt, denn 1195 wurde Alfons VIII. von Kastilien von dem Almohaden Abu Yaqub Yusuf bei Alarcos so vernichtend geschlagen, daß der almohadische Besitz von Al-Andalus für knapp zwei Jahrzehnte gesichert blieb. 1212 schlugen die vereinigten Könige von Spanien jedoch mit aller Vehemenz zurück. Die Schlacht von Las Navas de Tolosa am wichtigsten Zugang von der Mancha nach Andalusien entschied praktisch das künftige Schicksal der Iberischen Halbinsel. Die Reconquista war nicht mehr abzuwenden. Die Entscheidung zwischen einem islamischen oder christlichen Spanien war gefallen.

Sevilla, La Giralda

Die zwei Jahrhunderte vom Ende des Kalifats (1010 wurde der Kalifenpalast von Medina al-Zahra in Brand gesetzt) bis zur alles entscheidenden Schlacht von Las Navas de Tolosa waren reine Kriegsgeschichte. Die zahlreichen Taifa-Könige waren fast ausschließlich damit beschäftigt ihre Festungen zu verbessern oder neue zu bauen. Da blieb wenig Geld für Moscheen oder Stadtgärten. Lediglich in ihre eigenen Paläste investierten die islamischen Kleinkönige beträchtliche Summen. Cordoba war zwar noch die Stadt der Gelehrten und der Schulen, Mäzene für die bildenden Künstler aber gab es nicht mehr im selben Ausmaß wie früher. Die Cordobeser Handwerker und Künstler wanderten ab an die Höfe der Taifa-Könige, was zur Folge hatte, daß die Kunst der Taifa-Zeit fast unverändert jene der Kalifenzeit blieb.

Durch die Isolation der Taifa-Könige wurden die Eigenarten der Kunst der Kalifen-Zeit noch weiter vertieft und zu einer typischen andalusisch-arabischen Formensprache entwickelt. Es verschwanden die exklusiven und teuren Baumaterialien wie Marmor und Quaderstein zugunsten der nun die Baukunst bestimmenden billigeren Materialien wie Ziegel und Gipsdekoration, in welcher die pflanzlichen Formen dominierten. Die großartigsten und besterhaltenen Burganlagen der Taifa-Zeit stehen in Malaga und Almeria. Abgesehen von der prächtigen Aljaferia in Saragossa finden sich monumentale Reste aus dieser Epoche in Granada, wie z.B. der untere Teil des Löwenbrunnens der Alhambra und El Bañuelo.

Die almoravidischen Eroberer übernahmen die Kunstform, die sie in Al-Andalus vorfanden und verpflanzten sie nach Nordafrika. Ein Beispiel dafür ist die Qarawiyin-Moschee in Fès. Noch heute heißt der maurische Stil in Marokko »andalusischer« Stil. In Andalusien jedoch ist die Zeit der Almoraviden jene Epoche der islamischen Kunst, aus der so gut wie nichts erhalten ist.

Ganz anders dagegen war die Situation unter den Almohaden. Ihre radikale und dynamische Reform des andalusischen Islam war zugleich Impetus zu neuen Großtaten im Bereich von Architektur und Kunst. Vom Anfang der Besitznahme Andalusiens an bestimmte Abu Yaqub Yusuf I. Sevilla zur Hauptstadt seines neuen Reiches. Die blühende und reiche Stadt am Unterlauf des Guadalquivir, die »Braut unter den Städten von Al-Andalus«, betörte auch Abu Yaqub Yusuf, dessen Regiment so streng nicht gewesen sein kann, denn sonst hätte der große Averroës gegen Ende des Jahrhunderts nicht sagen können: »Stirbt in Sevilla ein Gelehrter, wird man seine Bücher nach Cordoba bringen, wo sie gewiß einen Käufer finden; stirbt dagegen ein Musiker in Cordoba, wird man seine Instrumente in Sevilla zum Kauf anbieten.«

In der Architektur schlägt sich allerdings die religiöse Strenge des Dynastiegründers Mahdi ibn Tumart voll nieder. Kennzeichen dafür sind größere Einfachheit bei gleichzeitig forcierter Monumentalität. Neue Formen werden zwar nicht entwickelt, aber die alten Motive finden sich beschränkt auf kleine begrenzte Dekorfelder meist über der Fensterzone oder um diese herum, die von großen freien Flächen beruhigt werden. Diese Form der gebändigten Dekoration gilt vielen Forschern als islamisches Gegenstück zur gleichzeitigen christlichen Zisterzienser-Kunst. Am augenscheinlichsten ist die almohadische Besonderheit an den neuen Türmen, sprich Minaretten, erkennbar. Die Minarette von Marrakkesch (Qutubiya), Rabat (Hassan-Turm) und Sevilla (Giralda) gleichen einander zwar nicht wie ein Ei dem anderen, aber alle drei weisen die oben beschriebenen Formmerkmale auf. Als Dekorationsschemata erfreuen sich Sebka-Muster und Stalaktiten-Motive (*muquarnas*) großer Beliebtheit, während die weiten Holzdecken jene komplizierte Gestalt erhalten, die wir von der späten Mudejar-Kunst her kennen. Auch wird die Tendenz zu axialer Bezogenheit im Haram fortentwickelt. Leider wurde jedoch das Hauptwerk der Almohaden in Al-Andalus, die Große Moschee von Sevilla, bis auf Teile des Vorhofs und des Minaretts (la Giralda) durch die späteren christlichen Nachfolgebauten völlig zerstört. Als große Neuerung entwickelten die Almohaden im Festungsbau eine niedrige Mauer vor der Hauptmauer zu deren Schutz und vor diese Mauer geschobene Einzeltürme, die mit dem Hauptwerk nur durch eine Stichmauer verbunden sind. Typisches Beispiel einer solchen *torre albarrana* ist die Torre del Oro in Sevilla. Neben der Torre del Oro, Resten der Stadtmauer, Hof und Minarett der großen Moschee erinnert auch noch der Patio del Yeso im Königs-Palast, dem Real Alcazar, an die Gegenwart der Almohaden in Sevilla.

Sevilla, Guadalquivirufer und Torre del Oro

Getrennte Wege – die Endphase der Reconquista

Nach der vernichtenden Niederlage bei Las Navas de Tolosa, welche die vereinten spanischen Könige von Aragon, Kastilien und Navarra den Almohaden beigebracht hatten, lag der wichtige Paß Desfiladero Despeñaperros und damit der Zugang zum oberen Guadalquivir in der Hand der Christen. Von nun an muß man die Geschichte von Al-Andalus auf zwei getrennten Wegen verfolgen. Der eine führt westwärts nach Nieder-Andalusien, immer am Guadalquivir entlang bis zum Atlantik, der andere nach Granada, das Sammelbecken aller dem Islam verbliebenen Kräfte von Al-Andalus.

Die Konsequenz und Geschwindigkeit, mit der sich die folgende Reconquista in West-Andalusien vollzog, offenbaren in ihrer inneren Logik etwas von den jeweils tatsächlich vorherrschenden Kräfteverhältnissen. Ein solches Geschehen möchte zu leicht als bloße Kriegsmechanik erscheinen, als Schachspiel mit menschlichen Figuren. Doch hinter den historischen Daten verbergen sich alte, meist blutige und leidvolle Erfahrungen der Menschheitsgeschichte. Nicht immer ist es die überlegene Kriegsmaschinerie des Feindes, die ein Volk in die Knie und unter das Joch eines anderen Volkes zwingt. Solche Menschheitserfahrungen sind:

1. Ein System, dessen Funktionsfähigkeit von einer einzigen Person oder einer kleinen Gruppe von Personen abhängt, muß beim Ausfall dieser Führungspersönlichkeit(en) zusammenbrechen – so geschehen mit dem Kalifat von Cordoba, das de facto nur von zwei Kalifen geführt wurde.
2. Einem Könighaus, dem es nicht gelingt, vom Volk akzeptiert zu werden als das seine, ist kein langes Leben beschieden – so geschehen mit den Almoraviden und den Almohaden.
3. In Zeiten, in denen das Überleben eines Staates oder Volkes von seiner Kampffähigkeit und Verteidigungsbereitschaft abhing, war es immer ein Menetekel, wenn es begann, sich durch andere verteidigen zu lassen – so geschehen mit dem Hilferuf der andalusischen Taifa-Könige an die Almoraviden und Almohaden.
4. Der fast sprichwörtliche Hang islamischer Staaten zu Separatismus und Eigenbrötelei war schon im maurischen Al-Andalus erkennbar, und ein wesentlicher Faktor für den Untergang des islamischen Teilstaats auf europäischem Boden.

Der Übersichtlichkeit halber sei hier eine Auflistung der entscheidenden Etappen im Verlauf der Haupt- und Schlußphase der Reconquista gegeben:

1223	Tod von Abu Yaqub Yusuf II., dem letzten Almohaden-Herrscher über Al-Andalus; Unabhängigkeitserklärung des neuen Taifa-Reiches von Saragossa.
1224	Ferdinand III. von Kastilien nimmt Quesada ein (Grenzfestung des Königreiches von Jaén).
1230	Die Königreiche León und Kastilien vereinigen sich unter Ferdinand III.; zwischen 1230 und 1248 systematische Einnahme der Burgen von Andujar, Martos, Salvatierra, Baños, Baeza, Ubeda und Arjona.
1236	Eroberung von Cordoba.
1244	Vertrag von Almizar zwischen León-Kastilien, Portugal und Aragon über die Aufteilung der Iberischen Halbinsel.
1244/45	Aufstände der einheimischen Bevölkerung gegen die Almohaden.
1246	Übergabe von Jaén.
1248	Übergabe der Stadt Sevilla am 23. November.
1251	Einnahme von Jerez.
1252	Tod von Ferdinand III.; Alfons X., der Weise, wird Nachfolger.
1262	Einnahme von Cadiz.
1264	Aufstände der Mudejaren.
1275-1285	Einfälle der marokkanischen Meriniden in die nun kastilischen Provinzen Cadiz, Cordoba, Jaén und Sevilla.
1284	Alfons X. fällt bei der Belagerung von Gibraltar; Sanchez IV. folgt ihm auf dem Thron.
1292	Einnahme von Tarifa.
1295-1312	Ferdinand IV.
1312	Alfons XI.
1340	Schlacht am Salado.
1344	Sieg der vereinten iberischen Könige über die Meriniden; Einnahme von Algeciras.
1350	Tod von Alfons XI.; letzter rechtmäßiger kastilischer König wird der später von Heinrich von Trastamara gestürzte Peter der Grausame († 1369).
1469	Heirat von Isabella von Kastilien und Ferdinand von Aragon.
1476	Krieg gegen Portugal.
1477	Befriedung Andalusiens.
1482	Beginn des Krieges gegen Granada.
1491	Unterzeichnung der Kapitulationsurkunde durch Boabdil am 25. November.

Das 13. Jahrhundert, genauer gesagt die Zeit von 1223 bis zur Einnahme von Tarifa durch Sanchez IV. im Jahre 1292, war nicht nur die Epoche des neuen mit León vereinigten Kastilischen Königshauses und zugleich der entscheidende Abschnitt der Reconquista, es war auch das Jahrhundert, das die große Chance, an das Goldene Zeitalter der Kalifen von Cordoba anzuknüpfen. Alles schien dafür zu sprechen. Nach der Einnahme von Jaén hatte sich der neue Emir von Granada dem Eroberer Ferdinand III. als Vasall angetragen. Die erste Probe dieser Vasallität ergab sich ein Jahr später beim Kampf um Sevilla. Nach einjähriger Belagerung fiel die wichtigste Stadt Nieder-Andalusiens nicht nur allein durch Mithilfe eines mächtigen islamischen Vasallen des christlichen Königs, sondern auch dank der Mithilfe eines Teils der christlichen, jüdischen und muselmanischen Bevölkerung. Die letztere war sogar bereit, zum Zeichen ihrer Unterwerfung das Wahrzeichen der Stadt, das Minarett der Großen Moschee der Almohaden, einzureißen. Der junge Prinz Alfons, der spätere Zehnte seines Namens, mit dem Epitheton »der Weise« (El Sabio), soll daraufhin gedroht haben, jeder, der es wage, auch nur einen Ziegelstein des Turms zu entfernen, müsse über seine Klinge springen.

Nicht nur beeindruckt vom Glanz der muselmanischen Perle Sevilla, sondern ausgestattet mit dem weisen Blick des vorausschauenden Monarchen, der die Vorteile der Stadt wie ihre Nähe zu den künftigen Landesgrenzen, die hohe Produktionskapazität des Guadalquivir-Beckens, den Hafen und die günstige Lage als Ausgangsbasis für spätere Kreuzzugsvorhaben nach Afrika erkannte, verlegte Ferdinand III. sogleich seine

Sevilla, Teil der almohadischen Mauer

Residenz von Toledo nach Sevilla. Diese Rolle der heimlichen Hauptstadt der Iberischen Halbinsel blieb der Stadt praktisch bis zum Beginn des 17. Jahrhunderts erhalten. Ein weiteres gutes Omen für eine goldene, friedliche Zukunft ergab sich beim Regierungsantritt Alfons X., als man in die Mezquita von Cordoba einen christlichen Kultraum einzubauen begann. Der weise Herrscher hatte nicht nur verfügt, daß alle muselmanischen Künstler und Handwerker zweimal pro Woche mit ihrer Arbeit zur Erhaltung der Großen Freitagsmoschee beizutragen hätten, sondern er hat offenbar auch dafür gesorgt, daß für den Einbau der christlichen Kathedrale, der *catedral vieja*, ebenfalls muselmanische Handwerker tätig sein sollten. Durch diesen königlichen Präzendenzfall war die spanische Sonderform des sogenannten Mudejar-Stils geboren.

Zunächst wurden »Mudejar« (von arabisch *mudayyan*, das ist der, dem erlaubt ist zu bleiben) alle jene Moslems in Spanien genannt, denen zur Ausübung ihres Berufs erlaubt war, im Lande zu bleiben, ohne die Religion wechseln zu müssen. Schließlich bezog sich der Begriff, seit Ende des 19. Jahrhunderts als kunsthistorischer eingeführt, nur noch als Stilbezeichnung auf alle jene islamischen Künstler, die auch noch nach abgeschlossener Reconquista für christliche Auftraggeber tätig waren. Weder als ethnischer noch als kunsthistorischer Begriff ist Mudejar dafür geeignet, präzise zu sein. So sind beispielsweise der Großteil der christlichen Kirchen des 13. und 14. Jahrhunderts in Andalusien, die als typisch »mudejar« bezeichnet werden, nichts anderes als primitiv-gotische Kirchen, an denen am Turm oder an der Holzdecke islamische Handwerker direkt mitgearbeitet oder nur islamische Formen als Vorbild gedient haben. Prominentere Beispiele dagegen sind die Synagoge von Cordoba oder der Alcazar von Sevilla.

Die große Chance für den Neuanfang eines fruchtbaren Miteinanders der ethnisch und religiös so unterschiedlichen Bevölkerungsgruppen wurde verspielt, weil ein solcher von den Eroberern offensichtlich gar nicht beabsichtigt war.

Die nun andersgläubigen einheimischen Moslems und Juden wurden zwar nicht zwangschristianisiert, doch wurde um ihre Seelen gerungen, will heißen, ihnen wurde nahegelegt, sich früher oder später taufen zu lassen oder auszuwandern. Viele wählten die zweite Möglichkeit. Für die, die blieben, hatte sich das einstige Abhängigkeitsverhältnis von Mozarabern und Muladies zur islamischen Erobererschicht nun umgekehrt in Mudejar und Morisco zu jetzt christlicher Erobererschicht. Letztere bestand aus den vorislamischen Eroberern, genauer gesagt, den direkten oder indirekten Nachfahren der vertriebenen Westgoten.

Und diese machten nun bei der Besiedlungspolitik die gleichen Fehler, die schon ihre Ahnherren begangen hatten, denn sie waren ja germanisch geblieben und ihr feudales Gesellschaftssystem damit auch. Das von den ihrem Glauben treuen Moslems teilweise verlassene Land beziehungsweise die entvölkerten Städte mußten folglich neu besiedelt werden. Das geschah auch. Nach

Sevilla, Alameda de Hércules

Olivenplantagen in Nordandalusien ►

altem germanischen Brauch wurden – neben Mönchs- und Ritterorden – verdiente Soldaten, das heißt Mitstreiter des Königs, der ja Alleinherr über alles Land war, mit Parzellen dieses Landes belehnt. Diese kastilischen, leonischen, navarrischen oder galizischen Hidalgos (von *hijo de algo*, Sohn von jemand, jemandem, der etwas besaß oder sozial darstellte), denen ehemals muslimischer Besitz zum Lehen gegeben wurde, waren aber weder Landarbeiter, Bauern oder Handwerker, sondern bestenfalls Herren von Viehherden, die von Hirten beaufsichtigt wurden. Die direkte Folge war wiederum Niedergang des Handels und der Landwirtschaft. Die kastilische Reconquista war ausschließlich zu Lande erfolgt. Die Umwandlung Andalusiens in eine kastilische Kolonie mit einer landbesitzenden Herrenschicht von Hidalgos hatte als nächsten Nebeneffekt, daß alle zukunftsträchtigen Gewerbe wie Handel und Geldwesen nicht in den Händen der politischen Führungsschicht lagen. Dies sollte im 16. und 17. Jahrhundert zu schweren wirtschaftlichen Schäden führen, denn der Seehandel Kastiliens bzw. Andalusiens geriet dadurch weitgehend unter die Kontrolle Genuas, und sowohl der Binnenhandel als auch das Geldwesen wurden erneut zur Domäne der Juden. Letzteres war 1391 der Anlaß für erste schreckliche Pogrome in Andalusien. Ausgerechnet in Sevilla und Cordoba, einst Zentren der Toleranz, wurden an die 6.000 Juden Opfer dieser Ausschreitungen. Schon vorher, noch unter Alfons dem Weisen, war es aus nur allzu verständlichen Gründen zu Aufständen gedemütigter, enteigneter Mudejaren gekommen, die daher die nordafrikanische Meriniden zu Hilfe riefen. Als schließlich im 14. und 15. Jahrhundert durch Thronfolgestreitigkeiten und schwache Monarchen Kastilien kurz vor der Zerrüttung stand, war an eine zielstrebige Fortsetzung der Reconquista zunächst nicht zu denken.

Typisch für die Entwicklung nach der Rückkehr der Westgoten in die ehemalige Provinz Betica ist der Aufstieg des Hauses Guzman und die Geburt des »kastilischen« Königshauses Trastamara.

Alonso Perez (de) Guzman hatte als Festungskommandant 1292 die Burg von Tarifa heldenhaft gehalten. Für seine Tapferkeit wurde er von König Sanchez mit Tarifa und später auch noch mit weiteren Lehen belohnt. Einer seiner Nachfahren wurde sogar mit dem Herzogtitel von Medina Sidonia geehrt. Somit waren die Guzmans das einflußreichste und bedeutendste Adelsgeschlecht West-Andalusiens. Der Name zeigt die Herkunft dieser Familie. Guzman heißt auf germanisch nicht guter Mann, sondern Edelmann. Es war der unterste Adelstitel, der zwar keinen Zutritt zu Hofämtern gestattete, dafür aber die Pflicht zur Heeresfolge, wenn finanziell möglich zu Pferd, einschloß. Der westgotische Edelmann (Guzman) Alonso Perez war also der Ahnherr eines neuen, nun kastilischen Adelsgeschlechtes in Andalusien. Seine Nichte Leonore de Guzman war die Mätresse von Alfons XI. Einer ihrer außerehelichen Söhne mit Alfons XI., Heinrich, bekriegte Pedro den Grausamen, den rechtmäßig geborenen Sohn des Königs, und beanspruchte illegitimer Weise den Königstitel für sich. Nachdem er schließlich seinen älteren Halbbruder und kastilischen König Peter den Grausamen beseitigt hatte, bestieg dieser Bastardsohn Leonore de Guzmans selber den Thron als Heinrich II. von Trastamara und begründete damit die gleichnamige »kastilische« Dynastie. Urenkel dieses halbwestgotischen Usurpators waren Isabella von Kastilien und Ferdinand II. von Aragon, das spätere Musterpaar der spanischen Geschichte. Als die seit 1469 miteinander verheirateten Ferdinand und Isabella, die *Reyes Catolicos*, die Katholischen Majestäten, ihre innenpolitischen Probleme weitgehend gelöst hatten, gingen sie ans Werk der Vereinigung der Iberischen Halbinsel unter christlichem Kreuz und kastilischer Fahne. 1482, mit der Einnahme der Festung von Alhama, begann der Krieg um Granada.

Granada, Alhambra im Abendlicht

Granada, San Juan de los Reyes

Der letzte von Allahs Sternen am Himmel von Al-Andalus – Granada

»Gib ihm Almosen, Weib, es gibt keine schlimmere Strafe auf Erden als blind zu sein in Granada«

Das Reich der Nasriden

1232, nur acht Jahre nach dem Vordringen der kastilischen Heere südlich der Sierra Morena und zwei Jahre nach der Vereinigung der spanischen Königreiche León und Kastilien ebenfalls unter Ferdinand III., erhob sich der Herr der kleinen Stadt Arjona gegen seinen Taifa-König Ibn Hud von Jaén und erkannte gleichzeitig den Emir Abu Zakariyya von Tunis als einen obersten Herrn an. Im nächsten Jahr stürzte er mit einer kleinen Schar Getreuen Ibn Hud und besetzte selber Jaén. Dort nahm Mohammed Ibn Yusuf ibn Nasr ibn al-Ahmar – so hieß der aufstrebende Mann – den Titel eines Emirs an und begründete damit die Dynastie der Nasriden. 1237 marschierte Mohammed ibn Yusuf ibn Nasr in das bisher von den Ziriden beherrschte Granada ein. 1338 folgte die Einnahme von Almeria und Malaga. Von der Gründung der Nasriden-Dynastie im Jahr 1232 bis zur Übergabe von Granada an die Katholischen Majestäten vergingen immerhin 260 Jahre. Es war die am längsten herrschende muselmanische Dynastie auf der Iberischen Halbinsel, länger als die der Omayaden in Cordoba. Unter den Nasriden erlebte die arabo-andalusische Zivilisation ihren letzten Kulminationspunkt und erstrahlte in einem Glanz, der noch heute märchenhaft erscheint, und dies um so mehr, als die wie eine schier unaufhaltsame Walze der Gewalt rasch bis zum Atlantik fortschreitende Reconquista West-Andalusiens an den Grenzfestungen des Königreichs wirkungslos abzuprallen schien. Angesichts der allmählichen Umzingelung durch die stetig vordringenden Heere Aragons und Kastiliens erscheint das 260jährige Überleben Granadas geradezu als anachronistisch, ja als unwirklich, als wunderbar oder als das Ergebnis eines unerhört kriegstüchtigen Volkes, das nur unter Aufbietung aller vereinten spanischen Kräfte niederzuringen war.

Beides war nicht so. Der Dynastiegründer Mohammed I. war lediglich ein politisch weitsichtiger Fuchs. Bei der Einnahme seiner Hauptstadt Jaén durch Ferdinand III. erkannte er die militärische Stärke der Kastilier. Er verlegte die Hauptstadt seiner Länder nun nach Granada und bot sich Ferdinand III. als Vasall an, der den neuen Untertan akzeptierte. Damit war es Mohammed I. gelungen, den mächtigen Aggressor vom Rest seines einstigen Emirats um Jaén abzulenken und umzuleiten auf das mittlere und untere Guadalquivir-Becken. Den ersten Beweis seiner künftigen Vasallentreue gegenüber dem kastilischen Königshaus mußte er gleich danach bei der Einnahme von Sevilla erbringen. Zur selben Zeit knüpfte dieser gerissene Taktiker diplomatische Beziehungen zu den mächtigsten der maghrebinischen Fürsten, den Meriniden von Fès.

Die Kastilier ihrerseits hatten sich an dem Brocken Nieder-Andalusien fast übernommen. Da nur Teile der Bevölkerung des neuen Kronlandes bereit waren, sich zum Christentum zu bekehren, blieb für die Neubevölkerung des eroberten Landes nur die Ansiedelung von Kastiliern oder Nordspaniern übrig. Das ohnehin nicht gerade bevölkerungsreiche Kastilien blutete zugunsten des klimatisch angenehmeren und fruchtbareren Andalusien aus. Saturierung der neu belehnten ehemaligen kastilischen Ritter, Volksaufstände der Mudejaren und von Granada ins Land gerufene Invasionsheere der Meriniden lenkten für weitere Jahrzehnte die Angriffslust der Kastilier von Granada ab. Überdies erwiesen sich die Emire von Granada bis Anfang des 15. Jahrhunderts als treue Vasallen. Die Freundschaft zwischen Peter dem Grausamen, dem letzten rechtmäßigen kastilischen König, und Mohammed V., dem Erbauer der Alhambra, ist bekannt. Peter der (angeblich) Grausame, warnte Mohammed vor einer politischen Verschwörung und Mohammed seinerseits schickte Peter Spitzenkräfte zur Verschönerung des Alcazars von Sevilla.

Zu den internen Problemen Kastiliens und dem diplomatischen Geschick der Emire von Granada kamen auf seiten der letzteren eine Reihe nicht zu unterschätzender Faktoren hinzu:

a) Das landschaftlich kleinteilige Bergland Ost-Andalusiens war für größere Heeresverbände schwer zugänglich und flächenmäßig gegen einen entschlossenen und landeskundigen Verteidiger kaum zu kontrollieren.
b) Die islamfeindliche Innenpolitik der kastilischen Eroberer führte zur Massenauswanderung muslimischer Bevölkerungsteile z.T. nach Nordafrika, überwiegend aber ins letzte Bollwerk des Islam in Spanien, ins Königreich Granada. Während Kastilien und West-Andalusien an demographischer Auszehrung litten, erfreute sich das Granadiner Reich fast eines Bevölkerungsüberschusses.
c) Die kulturelle Homogenität der Bewohner Granadas drückt sich in einem weitreichenden sozialen Konsens und einem ausgeprägten Verteidigungswillen aus. Einheimische und zugezogene Moslems, aus persönlichen oder opportunistischen Gründen desertierte Christen und ehemalige Muladies West-Andalusiens, die nicht rekonvertieren wollten, bildeten eine harmonische Gesellschaft ohne innere Konflikte.
d) Die günstige Wassersituation bzw. die von den Berbern erlernte perfekte Bewässerungskunst der arabo-andalusischen Kleinbauern führte zur intensiven Nutzung des Bodens und Steigerung der Erträge.

All dies – zusammen mit dem ererbten Talent für Handel, Gewerbe und Handwerk und den nach Nordafrika hin offenen Küsten – bescherte Granada im Gegensatz zum kastilischen West-Andalusien eine beträchtliche wirtschaftliche Blüte.

Die Tränen des Boabdil: 2. Januar 1492

Erst als sich in Umkehrung der innenpolitischen Verhältnisse unter den Katholischen Majestäten die Lage in Kastilien stabilisierte und Granada sich durch endlose Thronfolgekonflikte und politische Umstürze selbst strangulierte, wurde das fast 200 Jahre lang blühende Königreich langsam reif zur Eroberung – wie ein faulender Apfel für den Fall. Schon in den letzten drei Jahrzehnten des Königreichs von 1461 bis 1491 waren die Auseinandersetzungen zwischen Abu Hassan Ali (dem Mulay Hacen der christlichen Geschichtsschreiber), seinem Sohn Abu Abd Allah Mohammed XII. (Boabdil) und Mohammed ibn Sad al-Zaghal so ausgeartet, daß der damals gerade vorübergehende Throninhaber Boabdil bereits 1488 einen Rückgabevertrag des Lehens an die kastilischen Könige unterzeichnet hatte. Die Bevölkerung der Stadt Granada zwang jedoch den schwachen König Boabdil, den Vertrag nicht einzuhalten und neue Verhandlungen zu führen. Diese Verhandlung führten am 25. November 1491 in El Real de la Vega zur Unterzeichnung eines neuen Vertrages, dessen Bestimmungen am 2. Januar 1492 zur Durchführung kamen. Der glück- und kraftlose König Boabdil verließ sein Land über die Alpujarras nach Marokko, wo er 1533 hochbetagt in Fès starb.

Als am Vormittag des 2. Januar 1492 die katholischen Könige Ferdinand und Isabella die Schlüssel der Stadt Granada überreicht bekamen, hatten ohne einen Schuß, ohne einen einzigen Verletzten, ohne einen gebrochenen Mauerstein Residenz und Stadt der granadischen Könige völlig unversehrt den Besitzer gewechselt und hatte für Spanien eine Epoche ihren Abschied genommen, die Charakter und Geschichte der Bewohner bleibend geprägt hat: das Mittelalter. Dank seiner beiden erfolgreichen vorletzten Erben war das Haus Trastamara doch noch ins Pantheon der Geschichte eingezogen. Durch die Hochzeit von Ferdinand und Isabella im Jahr 1469 und die Einnahme von Granada war innerhalb von gut zwei Dekaden das große Einigungswerk vollendet und das neuzeitliche Spanien vorbereitet. Von den fünf Kindern, denen Isabella das Leben geschenkt hatte, war nur noch eine unverheiratete Tochter übrig, und die war schwachsinnig. War das vielleicht doch der Blutzoll für die allzu enge Verwandtschaft? Doch Johanna die Wahnsinnige war immerhin noch gut genug, um ihrem Mann, Philipp den Schönen von Habsburg, einen gesunden Sohn zu gebären, dem Spanien gleichsam als Morgengabe mit in die Wiege gelegt wurde. Dieser Erbe des seit 1492 vereinten Spaniens war kein anderer als Karl von Habsburg, der spätere Kaiser Karl V., in dessen

Weltreich die Sonne nicht unterging, wie man zu sagen pflegte.

In Granada war unter der Herrschaft seiner Emire ganz unbeeinträchtigt von außen die arabo-andalusische Kultur zu einer letzten und einzigartigen Blüte gereift. Diese Blüte war diesmal nicht das Ergebnis einer überaus fruchtbaren Mischkultur wie zur Kalifen-Zeit, es war eine in ihrer muslimischen Exklave zur Vollendung gebrachte andalusisch-islamische Kultur. Alles an ihr war konservativ, ohne wesentliche Neuerungen, alles war Fortführung bis zur Vollendung, ganz als ob Allah den Anhängern Christi noch beim Abschied hätte zeigen wollen, wozu seine Jünger fähig waren. Und die Christen staunten.

Ferdinand und Isabella vergaßen ihr Toledo, wo beide mit dem Bau des Klosters San Juan de los Reyes die Grablege ihres Hauses einzurichten gedacht hatten, und entschieden sich spontan – trotz des strahlenden Sevilla – für Granada als neue Residenz und Grablege.

Der unversehrt erhaltene Palast der Könige von Granada sollte ihre Heimat bleiben. Nur geringfügige Änderungen wie der Abriß der Alhambra-Moschee und der Bau eines christlichen Gotteshauses wurden vorgenommen. Dem ihr eigenen Zauber, der sogleich die neuen Herren und Besitzer in Bann geschlagen hatte, verdankt die Alhambra ihre Rettung vor der Zerstörung. Hier, wo das Füllhorn der Natur mit dem von Menschenhand Geformten ein Gesamtkunstwerk des Wohlbefindens geschaffen hat, war auch für christliche Monarchen gut sein. Was Boabdil bei seinem Auszug aus dem Märchenschloß empfand, können wir nur vermuten. Daß seine Mutter ihm zugeschmäht haben soll: »Du weinst wie ein Weib über das Verlorene, das du wie ein Mann hättest verteidigen sollen«, mag stimmen oder apokryph sein. Richtiger und tiefer formuliert hat das Abschiedsgefühl wohl Al-Maqqari, der letzte große islamische Historiker von Al-Andalus, der sein Geburtsland gleichfalls seines Glaubens wegen verlassen mußte:

Und als wir am Morgen des Abschieds verhielten,
Zur Erde stürzte, was einst mein eigen.

Tief in den Sänften versteckt die Schönen,
Sie wagten es nicht, ihr Gesicht zu zeigen.

Tanzt Natternhaar und Topfgeflecht
Um Rosenwangen seinen Reigen.

Ich seh' es nicht, ich fühle nur
Eiskalte Trauer in mir steigen.

Das gebaute Paradies – die Alhambra

»*Diejenigen aber, die glauben und tun, was recht ist, läßt Gott in Gärten eingehen, in denen Bäche fließen. Sie sind darin mit Armringen aus Gold und mit Perlen geschmückt und tragen seidene Kleider.*« (Koran XXII., 23)

Das iberische, römische und vielleicht westgotische Granada erstreckte sich dort, wo sich heute die Unterstadt um die Kathedrale schart. In römischer Zeit war der nördlich anschließende Albaicin-Hügel ein bevorzugter Villenvorort. Die ziridischen Taifa-Könige legten dort Palast und Burg an. Die natürliche Begrenzung der Ziridenstadt markierte der kleine Gebirgsbach Darro. Auf der anderen, der südlichen Seite des Darro erhebt sich jäh abfallend ein in etwa Ost-West-Richtung spitz auslaufender Sporn der Sierra Nevada, der Sabika-Hügel. An dessen äußerstem und steilstem Punkt erhob sich seit kalifaler Zeit ein Kastell, das 889 erstmals in arabischen Quellen als Quala al-Hamra, als rotes Kastell bezeichnet wird. Es stand wohl an der Stelle der noch existierenden nasridischen Alcazaba, die den volkstümlichen Namen des Vorgängers bis heute beibehalten hat.

Auf dem östlich anschließenden Plateau, das eine natürliche Grenze im Einschnitt der Cuesto de los Chinos hat, ließ in der Mitte des 11. Jahrhunderts der Wesir des Ziridenkönigs Abd Allah, der Jude Samuel ibn Naghrallah, einen privaten Palast errichten. Um die Annehmlichkeiten eines luxuriösen Landschlosses zu gewährleisten, ließ Naghrallah einen Aquädukt errichten. Der Palast war so großartig geraten, daß er selbst den Königspalast in den Schatten stellte und sein Erbauer deshalb beim König in Ungnade fiel. Was danach mit diesem Bauwerk geschah, ist weder quellenmäßig noch bauarchäologisch erschließbar; wenig wahrscheinlich, daß es zerstört wurde. Vom Hofdichter des Bauherrn, dem ebenfalls jüdischen Ibn Gabirol, ist ein panegyrischer Hymnus überliefert, der eine relativ genaue Beschreibung dieses ersten Palastes auf dem Sabika-Hügel gibt:

Die Bauten sind mit durchbrochenen Formen, Intarsien und Filigran geziert.

Und mit Platten aus Marmor und Alabaster ist der Boden bedeckt – ihre zahllosen Tore kann ich nicht nennen.

Die Türen sind aus wertvollem rötlichem Sandelholz, Elfenbeinkästchen ähnlich.

Und über opaquen Fenstern und Oberlichtern kreist strahlend der Planeten Schar.

Die Kuppel, wie Salomons Sänfte, thront über der Räume Pracht, sie dreht sich im Kreis und leuchtet Opalen, Saphiren und Perlen gleich.

So zeigt es der Tag, beim Kommen der Nacht meint sie doch der Firmamente Gestirn.

Als Mohammed ibn Yusuf ibn Nasr 1237 Granada besetzte, zog er nicht in den ziridischen Alcazar auf dem Albaicin. Vielmehr ließ er gleich im folgenden Jahr an der Stelle der omayadischen Burg eine neue Anlage errichten, größer, trutziger, dauerhafter. Mit der Errichtung der neuen Alcazaba schlug die Geburtsstunde der heute zum Teil noch stehenden nasridischen Alhambra.

Dieser besterhaltene Palast der islamischen Welt des Mittelalters wurde nach seiner literarischen Wiederentdeckung zu Beginn des 19. Jahrhunderts durch Chateaubriand, Victor Hugo, Theophile Gautier, Washington Irving und andere zum Symbol sinnenhafter Erotik und »zum ästhetischen Ideal der schönen Formen«, ja zum Sinnbild schlechthin für den Traum eines angeblich paradiesischen Orients, des verlorenen Paradieses. Noch vor den Anfangserfolgen der klassischen Archäologie im Vorderen Orient hat Granadas märchenhafte Residenz die Orientforschung befruchtet, dem nach Exotik strebenden Kunsthandwerk wichtige Impulse gegeben, Heerscharen von Dichtern angeregt, deren diesbezügliche Werke eine stattliche Bibliothek füllen könnten, Musiker zu großartigen Tondichtungen ermuntert usw.

Doch hier ist nicht der Platz, den schreibenden Vorgängern nachzueifern. Der zur Verfügung stehende Raum fordert eine sachliche Kurzinformation. Zur Einführung sei zunächst einem kompetenten Autor, dem späteren Hofdichter Mohammeds V., des Erbauers des Löwenhofkomplexes, das Wort gegeben. Wandinschriften mit Gedichten Ibn Zamraks im *Saal der zwei Schwestern*, und gleichlautend im gegenüberliegenden *Saal der Abencerragen*, beschreiben den Bau des Sultans:

Wir haben bisher noch keinen anderen Palast geschaut, dessen Aussichtspunkt höher, dessen Horizonte weiter oder dessen Versammlungssäle geräumiger wären.

Und wir kennen auch keine anderen Gärten, deren Frische angenehmer, deren Umgebung duftender oder deren Früchte vergnüglicher zu pflücken wären.

[Der Garten] *befriedigt auf doppelte Weise den Anspruch, den der Richter der Schönheit ihm auferlegt hat.*

Denn wenn der Wind [Silber] *Dirhams aus Licht ausstreut und den Garten damit erfüllt, ist er mit dieser Bezahlung zufrieden.*

Aber auch die [Gold] *Dinare der Sonne füllen den eingefriedeten Garten, rieseln durch seine Zweige und lassen ihn in Schönheit zurück* (...)

(Übersetzung Oleg Grabar)

Die Alhambra besteht aus drei architektonisch und orographisch deutlich voneinander abgegrenzten aber miteinander verbundenen Einheiten: im Westen, an der engsten und steilsten Stelle des kapartig vorkragenden Gebirgsausläufers, die Festung (Alcazaba), nach Osten zu auf dem erweiterten Plateau der eigentliche Königspalast zuzüglich der Gebäude der Bediensteten, der öffentlichen Einrichtungen wie Bäder, Moscheen, Markt und Kasernen und schließlich weiter östlich hangaufwärts, allerdings durch den Graben der Cuesta de los Chinos deutlich abgetrennt, der Generalife. Bei der Alhambra handelt es sich um die seit der Antike bekannte Form der abseits des städtischen Ballungsraums beheimateten Königsstadt, das heißt um ein Ensemble aus reinen Wehrbauten, privaten Wohneinheiten und Grünanlagen. Natur und Architektur sind aufs engste aufeinander bezogen, durchdacht und immer gestaltet. Bei den Bauten selbst finden wir alle bekannten Formen der späten arabo-andalusischen Kunst. In der Ausschmückung lassen sich drei Hauptgruppen beschreiben:

Alhambra, Puerta de Vino

Plan der Alhambra ►

A Alcazaba

B Sog. Patio Machuca, Mexuar und Quarta Dorado

C Palacio de Comares (Comares-Palast)

D Palacio de Leones (Löwenhofkomplex)

E Baños Reales (königliche Bäder)

F Patio de la Daraxa

G Jardines del Partal (Gärten des Partal)

H El Generalife

1 Granatapfeltor (Puerta de las Granadas)
2 Torres Bermejas
3 Rückweg (Autos) zur Stadt
4 Brunnen Karls V. (Pilar de Carlos V.)
5 Gerechtigkeitstor (Torre de la Justicia)
6 Weintor (Puerta del Vino)
7 Platz der Zisternen (Plaza de los Aljibes)
8 Pulverturm (Torre de la Polvera)
9 Turm der Königin (Torre de la Sultana)
10 Gärten am Wehrgang (Jardines de los Adarves)
11 Großer Bergfried (Torre de la Vela)
12 Waffenturm (Torre de las Armas)
13 Zerbrochener Turm (Torre Quebrada)
14 Huldigungsturm (Torre de Homenaje)
15 Wehrturm (Torre de Adarves)
16 Hof des Machuca (Patio de Machuca)
17 Hühnerturm (Torre de las Gallinas)
18 Turm der Dolche (Torre de los Puñales)
19 Mexuar
20 Quarto Dorado
21 Myrtenhof (Patio de los Arrayanes oder Patio de la Alberca)
22 Schiffssaal (Sala de la Barca)
23 Saal der Gesandten (Sala de los Embajadores) im Comares-Turm
24 Löwenhof (Patio de Leones)
25 Saal der 2 Schwestern (Sala de las dos Hermanas)
26 Saal der Könige (Sala de los Reyes)
27 Saal der Abencerragen (Sala de los Abencerrages)
28 Ankleidezimmer der Königin (Peinador de la Reina)
29 Frauenturm (Torre de las Damas) mit Partal-Palast (Palacio del Partal)
30 Bethaus am Partal

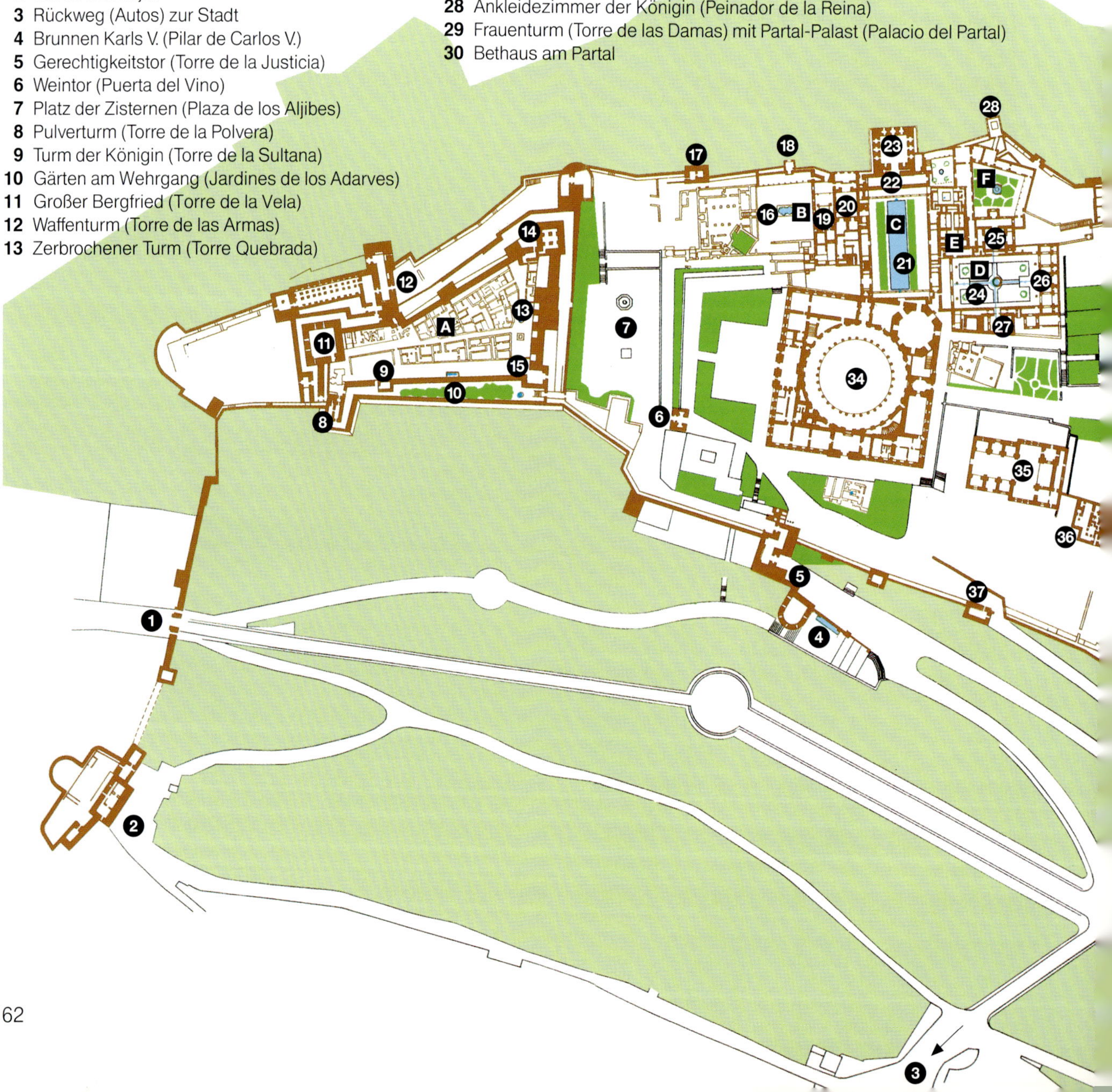

31 Schnabelturm (Torre de los Picos)
32 Turm der Gefangenen (Torre de la Cautiva)
33 Turm der Kinder (Torre de las Infantas)
34 Palast Karls V.
35 Kirche Santa Maria
36 Arabische Bäder
37 Wagentor (Puerta de los Carros)
38 Turm der Köpfe (Torre de las Cabezas)
39 Turm der 7 Stockwerke (Torre de siete Suelos)
40 Ausgang zum Generalife
41 Großer Parkplatz mit Eingang zum Generalife
42 Sog. Cuesta de los Chinos
43 Freilichttheater
44 Neue Gärten
45 Südl. Pavillon
46 Hof mit dem Wasserbecken (Patio de la Acequia)
47 Turm des Ismael (Torre de Ismael) mit Königssaal (Sala Regia)
48 Zypressenhof (Patio de las Cipresas oder Patio de la Sultana)
49 Wassertreppe (Escalera de Agua)

a) Reine Architekturteile:
   dazu zählen Säulen, Fenster, Nischen, Eindachung bzw. Wölbung, Bögen, Kapitelle und Mukarnas. Bei den Kapitellen finden wir Neuschöpfungen wie Mukarnaskapitelle oder typisch granadinische Blattkapitelle (siehe Löwenhofkomplex).
b) Wanddekoration (immer flächenbezogen):
   pflanzliche meist aber geometrische Ornamente als Azulejos, in Gips oder gemalt (auf Gips, Holz oder Leder) und – als ganz wesentliches Element – Schriftbänder.
c) Ambientale Dekoration:
   Aussichtserker, Pavillons, Hofanlagen, Brunnen, Kanäle, Gärten. Bei den Gärten werden zwei Formen verwirklicht (siehe Generalife).

Rundgang

(Nicht alle in der Orientierungskarte angegebenen Punkte – wie z.B. 1 bis 5 – werden beschrieben. Dies gilt auch für die neuzeitlichen Teile):

A

Alcazaba

Dieser älteste Teil der noch aufrechtstehenden Gebäude der Alhambra wurde bereits 1238 von Mohammed I. begonnen. Die Alcazaba beschreibt in ihrem Grundriß ein unregelmäßiges Viereck mit seiner schmalsten Seite im Westen, ganz am Ende des Bergsporns. Die mächtigen Innenmauern werden durch eine zweite, äußere Mauer geschützt (zweifacher Mauerring). Drei Zugänge führen ins Innere: a) im Norden die *Puerta de las Armas* (12), der einzige direkte Zugang zur Alhambra von der Stadt her, b) im Süden das Tor der *Torre de la Polvera* (Pulverturm) (8), das nicht für die Öffentlichkeit, sondern nur für die Besatzung bestimmt war, und c) die *Torre de Adarves* (15), die zur Medina führt. Unter Mohammed II. (1273-1302) wurde der komplette Mauerring der Alhambra vervollständigt. Die Torre de las Armas mit dem gleichnamigem Tor erfuhr eine Erweiterung und Verstärkung im 14. Jahrhundert; sie hat einen doppelten Zugang sowohl zur Medina als auch zu den Stallungen der Kavallerie. Die *Torre del Homenaje* (14) weist als Besonderheit Wohnräume auf, wohl als letzte Zuflucht für den Emir. Der eigentliche Palast der ersten Nasriden lag in südwestlicher Richtung unterhalb der Alcazaba im Bereich des späteren Dominikanerklosters, wo noch das Cuarto Real de Santo Domingo Räume aus dieser Zeit bewahrt hat.

B

Sogenannter Patio de Machuca, Mexuar und Cuarto Dorado.

Der *Hof des Machuca* (16), benannt nach dem Architekten Karls V., gibt Rätsel auf: westlich an ihn angrenzend stehen die Grundmauern eines ostwestgerichteten dreischiffigen, säulenbestandenen Saales, in den im östlichen Eck diagonal zur Baurichtung (Mekka-Richtung ?) nachträglich ein quadratischer Raum (Betraum oder private Moschee?) eingerichtet worden war. Handelt es sich hier um muslimische Umbauten des Wesirspalastes des 11. Jahrhunderts?
Der *Mexuar* (19) ist einer jener Palastteile, die nachträglich am häufigsten verändert wurden. Ursprünglich bereits unter Ismail I. (1314 bis 1325) errichtet, diente er als Versammlungsraum für Sitzungen des Königlichen Rates und der Minister. Erste bauliche Veränderung erfolgte unter Mohammed V. im Jahre 1365. Unter Karl V. wurde er in eine christliche Hofkapelle umgewandelt. An Karl V. erinnert an den Wänden dessen Wahlspruch »plus ultra«. Eine letzte Umänderung gab es unter Philipp IV., der die Empore als Sängerkanzel einbauen ließ.
Der *Patio del Cuarto Dorado* (20) bildet sozusagen den Vorhof zum eigentlichen Sultanspalast der Alhambra. Sein Name rührt von dem nördlich begrenzenden kleinen Wohnquartier aus der Zeit Yusufs I. (1333 bis 1354). Durch eine Pulverexplosion war dieser goldene Salon weitgehend zerstört, so daß das, was heute zu sehen ist, nur eine perfekte Rekonstruktion darstellt. Die gegenüberliegende Hofwand ist die Eingangsfassade des Palasts.

Dazu sind zwei Dinge anzumerken: Zum einen ist diese Eingangsfassade zum Palacio de Comares die einzige erhaltene Palastfassade aus islamischer Zeit in Andalusien und zugleich die älteste erhaltene im ganzen damaligen Maghreb. Als Vorbild könnte die Fassade des Alcazars in Sevilla gedient haben. Ihre Einzigartigkeit wird noch dadurch unterstrichen, daß islamische Architektur in erster Linie Innenarchitektur ist. Gerade die in orientalischem Prunk schwelgende Alhambra ist ein Paradebeispiel für diese introvertierte Architektur, die sich nach außen fast spartanisch schmucklos zeigt. Diese demonstrative Bescheidenheit nach außen wird durch die Fassade im Cuarto Dorado förmlich konterkariert. Zum anderen nimmt die Eingangsfassade zum Comares-Palast insofern eine Sonderstellung ein, als sie durch ihre inschriftlich betonte Ikonographie nicht bloß der Dekoration diente. Vor dem Haupteingang des Sultanspalastes pflegte nach orientalischer Sitte der Herrscher seine Audienzen für das Volk abzuhalten. Nach seinem einzigen militärisch bedeutenden Sieg über die Christen bei Algeciras im Jahre 1369 ließ Mohammed V. im darauffolgenden Jahr den Vorgängerbau des Yusuf I. zur Errichtung dieser Prunkfassade umwandeln. Die Fassade erinnerte die Volksvertreter während der Audienzen ständig an die militärische Größe ihres Erbauers. Sie ist durch drei Marmorstufen über das Hofniveau angehoben und besitzt zwei völlig gleichförmige, streng symmetrisch angeordnete Portale. Das rechte gewährte Einlaß zu den Räumen von Bediensteten und Vertrauten des Hofes, das linke bot Zugang zum eigentlichen Palast. Durch einen sogenannten *pasadizo*, einen schmalen, lichtlosen Korridor mit Bänken für die Wache, gelangt man ins Zentrum des Comares-Palastes.

C

Palacio de Comares

(Der Name leitet sich ab von der arabischen Bezeichnung für farbige Glasfenster.)
Wie aus Inschriften im Comaresturm hervorgeht, war der Bauherr Emir Yusuf I. (1332 bis 1354). Der *Palast Yusufs* (21) bietet das klassische Bild einer hofzentrierten Anlage. Der große längsrechteckige Hof von 36,60 mal 23,40 Meter ist streng axial und symmetrisch angelegt. Die Längsachse wird weiter betont durch das 34,70 mal 7,15 Meter messende ebenfalls längsrechteckige Becken (daher der Name *Patio de la Alberca*), die an den langen Seiten begleitenden, seit dem 16. Jahrhundert bekannten Myrtenhecken (daher auch der Name *Patio de los Arrayanes*), die finale Krönung der Schmalseiten durch jeweils einen fünfarkadigen Portikus mit größerer Mittelarkade sowie die zwei runden Brunnenschalen unter eben dieser Mittelarkade. Die langen Hofseiten fassen zwei schmucklose Wände, in denen fast symmetrisch angeordnet jeweils zwei einfache alfizgerahmte Tore Zugang geben zu vier Wohneinheiten. Nach offizieller Lesart waren es die Wohnungen der vier Frauen des Sultans Yusuf. Die schmale Südseite wird dominiert durch die monumentale dreigeschossige Fassade eines Palastteiles, von dem nach dem Bau des großen Renaissancepalastes Karls V. nur noch diese Arkadenfassade übriggeblieben ist. Möglicherweise handelt es sich um den eigentlichen Wohnpalast Yusufs I. Der heute bedeutendste Teil des Comares-Palastes steht auf der nördlichen Schmalseite. Der hinter den sieben Arkaden gelegene breite Vorraum mit seitlichen Alkoven – wegen seiner Holzdecke im Mudejar-Stil, die an einen umgedrehten Schiffsleib erinnert, als *Sala de la Barca* (22) bezeichnet – gewährt Zugang zum dahinterliegenden *Torre de Comares* (23). Die Stärke der Mauern des Comares-Turmes erlaubte die Einrichtung eines richtiggehenden Vestibüls, eines Vorraumes, von dem seitlich kleinere Räume wie Toiletten und Waschräume abgehen. Die gesamte Grundfläche des von Yusuf I. über den Fundamenten eines älteren und kleineren Turmes errichteten Palastturmes von 11 mal 11 Metern Seitenlänge wird vom sogenannten Botschaftersaal *(Sala de los Embajadores)* eingenommen, der identisch ist mit dem Thronsaal des Erbauers. Jeweils drei quadratische Alkoven mit großen Ajimez-Fenstern spenden ausreichend Licht und bieten zugleich einen großartigen Ausblick auf das Darro-Tal und Granada. Neben geometrischen Rosetten- und Sternmotiven bestimmen Schriftbänder die Wanddekoration. Letztere geben präzise Auskunft über die Bestimmung dieses großen, 18 Meter hohen Saales. In der mittleren Nische der Nordseite stehen die bedeutungsvollen Verse:

> *Yusuf mein Herr, den Allah beschützen möge, hat mich kostbar gekleidet in Gewänder aus Ruhm und makelloser Kunst.*
>
> *Er machte mich zum Sitz seines Königreiches und also dient die Halle seinem Rang, durch das wahre Licht, den Sitz seines Thrones.*
>
> (Übersetzung Oleg Grabar)

Weitere Inschriften und die Gestalt der Kuppel, ursprünglich farbiger bemalt, geben weitere Hinweise über Yusufs Selbstverständnis von seinem Herrscheramt. Die Kuppel verjüngt sich nach oben in sieben Ringen aus Sternen zur achten, der eigentlichen Bekrönung. Die 67. Sure gibt den Schlüssel zur Deutung dieser Anordnung:

> *Gelobt sei der, in dessen Händen das Reich und der aller Dinge mächtig ist, der den Tod und das Leben schuf (...)*
>
> *Er ist es, welcher die sieben Himmel schuf, einen über den anderen, und in der Schöpfung des Allbarmherzigen wirst du kein Mißverständnis sehen.*

Außerdem geben weitere Verse und Koranzitate (z.B. die 113. Sure, ebenfalls im Innern der Thronnische) den Zusammenhang zwischen der gebauten Kuppel und dem kosmologischen Kontext, in den sich Yusuf gestellt sehen wollte. Die sieben Reihen von Gestirnen in der Kuppel und die abschließende achte Sonne, d.i. Allah selbst, stehen schützend über dem Thron des Herrschers, der sich in der Nachfolge Mohammeds als die irdische Verlängerung dieser kosmologischen Reihe versteht (vergleiche dazu auch das oben zitierte Gedicht von Ibn Gabirol).

D

Palacio de Leones (Löwenhofkomplex)

Der Palast Mohammeds V. um den *Löwenhof* (24) gilt unbestritten als der Höhepunkt der Alhambra, ja als das Schatzkästlein der gesamten islamischen Profanarchitektur. Der erste deutsche »Tourist«, der darauf sein Loblied sang, war 1494/95 Sebastian Münzer. Typologisch und ikonographisch reiht sich der unter Mohammed V. entstandene Palast in eine ganz ehrwürdige Tradition ein, die sich verfolgen läßt von Salomons Tempel über den neuen Tempel Salomons in Konstantinopel, wie Justinan seine Hagia Sophia verstanden wissen wollte, bis ins andalusische 11. Jahrhundert, wo als direkte Vorläufer der Palast des Wesirs Naghrallah und der ergrabene Palast des Ibn Sad ibn Mardanis, El Castillejo bei Monteagudo, zu nennen wären. Aber was zählt eine solche ehrwürdige Genealogie im Vergleich zur sichtbaren, greifbaren, begehbaren Wirklichkeit! Das Kernstück der Anlage ist ein Garten in Form eines sehr langen Rechtecks in Ost-West-Erstreckung. Tatsächlich handelte es sich um einen Garten, auch wenn der heutige Zustand dies nicht mehr erkennen läßt. Die vier Rechtecke des Gartens um den zentralen Brunnen besaßen ursprünglich ein 80 Zentimeter tiefer liegendes Bodenniveau und waren mit duftenden Blumen bepflanzt, so daß man auf die Blütenpracht hinabsehen konnte. Brunnen und Wasserläufe verkündeten über dem üppigen Gewoge Ordnung und Programm. Licht und Wasser waren die eigentlichen Kompositionselemente. Diesem Spiel von Wasser und Licht dient auch die Verkürzung der Arkadenbreiten, die Verdoppelung (Hofseite), Verdreifachung (Pavillonecken) und Vervierfachung (Hofecken) der schlanken Säulen, die Einführung der Pavillons selbst, die Durchbrechung der Sebkaornamente über den Bögen zu Gittern, die Verräumlichung der Wandstrukturen und die Einfügung der kleineren Brunnenschalen in die angrenzende Innenarchitektur. Die Fülle der Licht- und Raumeindrücke ist unendlich und erscheint doch immer von jedem Blickwinkel aus geordnet: Zentrum von Garten und Hof und Gesamtanlage bleibt immer der Löwenbrunnen. Ibn Gabirol beschreibt in seinem schon zitierten, aus der Mitte des 11. Jahrhunderts stammenden Gedicht einen Gartenbrunnen im Wesirspalast:

> *Und es gibt dort ein ganzes Meer vergleichbar dem »Meer Salamons«, doch ruht es nicht auf dem Rücken von Rindern;*
>
> *Sondern Löwen stehen in geschlossener Front an seinem Rand, und sie scheinen nach Beute zu brüllen, diese jungen Tiere.*
>
> *Ihre Brüste sind wie Quellen, so daß Wasserstrahlen sich aus ihren Mäulern ergießen wie Ströme (...)*

Ob der zweite Hofdichter Mohammeds V., Ibn Zamrak, diese Verse seines Vorgängers gekannt hat? An der eigens für den Brunnen im 14. Jahrhundert neu gefertigten Schale stehen seine Verse:

> *Ist es in Wirklichkeit nicht wie eine lichte Wolke, wie sich die Wasser auf die Löwen ergießen?*
>
> *Und so erscheint auch die Hand des Kalifen, wenn sie den Löwen des heiligen Krieges ihre Gunst gewährt.*
>
> *Der Du die drohenden Löwen betrachtest, wisse, daß allein die Ehrfurcht vor dem Emir sie im Zaume hält.*

An den vier Seiten des Löwenhofs verteilen sich Palasteinheiten, die allesamt in Grundriß und Größe verschieden und untereinander nicht verbunden sind. Allein schon aus diesem Verteilersystem geht – ähnlich wie beim benediktinischen Kreuzgang – die vorrangige Stellung des Gartenhofes hervor. An den beiden Längsseiten, jeweils mit dem Löwenbrunnen direkt durch einen Wasserkanal verbunden, der in einer Brunnenschale in deren Mitte endet, liegen zwei symmetrisch angeordnete Raumeinheiten.

Die nördliche davon mit dem Saal der zwei Schwestern (*Sala de las dos hermanas*) (25) und dem Aussichtserker der Daraxa (*Mirador de la Daraxa*) erfüllen die Funktion des neuen Mexuar und Thronsaales von Mohammed V. Aus in der Bibliothek von Rabat wiederentdeckten Gedichten des Ibn al-Jatib, der 1371 bei Mohammed V. in Ungnade gefallen war, und den in situ befindlichen Inschriften seines Nachfolgers als Hofdichter, des schon mehrfach zitierten Ibn Zamrak, ist diese Funktion heute eindeutig belegt. Der Thron stand im Mirador de la Daraxa. Empfangs- und Regierungsraum war der Saal der zwei Schwestern. Damit treffen wir nach dem Höhepunkt der Hof- und Gartenbaukunst auf ein

Myrtenhof mit Comares-Turm

weiteres Wunderwerk islamischer Architektur. Schon Washington Irving hatte beim Betreten des Saales der zwei Schwestern empfunden:

Hier hat die Schönheit ihr Heim, und es scheint, als hätte sie gestern noch leibhaftig mit ihrem Hauch den Raum beseelt.

Ähnliches hatte schon Ibn Zamrak empfunden, als er für seinen Herrn Mohammed V. dichtete:

Welch reiche Augenweide findet hier der Blick; selbst der Träumer wird die Ziele seiner Wünsche neu fassen (...)

Hier im Innern ist eine Kuppel, deren Höhe das Auge nicht ermessen kann;

Ihre Schönheit ist verborgen und sichtbar zugleich (...)

Kein Wunder, daß sie [die Kuppel] *die Sterne des Himmels übertrifft und weit über ihre fernsten Grenzen hinausreicht (...)*

Ihre Vorhalle hat die irdische Schönheit überschritten, und so kann der Palast in seiner Herrlichkeit mit dem Himmelsgewölbe wetteifern.

(Übersetzung Oleg Grabar)

Durch kleinteilige Mukarnastrompen wird der zugrundeliegende quadratische Raum zunächst in ein Oktogon verwandelt. Über einem lichtvollen Tambour vervollständigen Abertausende weiterer Stalaktitenformen die optisch nicht faßbare Kuppel. Durch dieses handwerkliche Wunderwerk wird die im Gedicht von Ibn Gabirol angedeutete und im Sternenhimmel des Botschaftersaales von Yusuf I. erstmals realisierte Gleichsetzung des Gewölbes mit dem Himmelszelt und dem Himmel des Koran zum technisch nicht mehr steigerbaren Abbild vollendet. Die gleichzeitig verwirklichte horizontale Achse mit direkter Sichtverbindung von Natur (Mirador de la Daraxa, dort stand der Thron), Herrschaftsraum (Saal der zwei Schwestern), gebautem Paradies (Garten mit Löwenbrunnen) und Saal der Abencerragen ist unter Karl V. durch die Anbauten an den Hof der Daraxa unsensibel verstümmelt worden.

Wanddekoration im Löwenhofkomplex

Azulejos im Comares-Turm

Dem Saal der zwei Schwestern gegenüber befindet sich eine kleine Raumeinheit aus einem quadratischen Kuppelsaal und seitlichen Alkoven. Dieser *Saal der Abencerragen* (27) ist von kleinerer Dimension als der Saal der zwei Schwestern. Die Raummitte nimmt ebenfalls ein ebenerdiges Brunnenbecken ein. Die Kuppel ist ähnlich wie im Saal der zwei Schwestern in kleinteiligen Mukarnas gearbeitet, allerdings geht die Wölbung hier statt von einem Oktogon von einem achteckigen Stern aus. Auch diese Kuppel erfährt eine ähnliche Ausdeutung als Himmelsgewölbe. Teile des zitierten Zamrak-Gedichtes vom Saal der zwei Schwestern sind auch hier an den Wänden zu lesen. Den Namen des Saales leitet man aus der lokalen Überlieferung ab, derzufolge die männlichen Angehörigen der Abencerragen-Familie, die auf der Südseite der Alhambra einen eigenen Palast besaß, hier auf Befehl von Mohammed IX. umgebracht worden sein sollen.

An der östlichen Schmalseite des Löwenhofes schließt sich die räumlich ausgedehnteste Raumgruppe an, der *Saal der Könige* (26). Dieser Trakt besteht aus einer Folge von drei quadratischen und vier queroblongen Räumen. Östlich wird die Folge der Haupträume von einer gleichen Anzahl von Alkoven begleitet. Auch hier wird perspektivisches Denken verlangt. Die drei größeren quadratischen Zimmer sind über dreiteilige Arkaden zum östlichen Hofportikus hin offen. Der Name der Raumfolge bezieht sich auf drei ovale auf Leder gemalte Deckenbilder, deren mittleres zehn islamische Könige zeigt, vermutlich die zehn nasridischen Vorgänger von Mohammed V. Die Malerei weist deutlich erkennbar Einflüsse der zeitgleichen kastilischen Kunst auf. Möglicherweise hat Peter der Grausame von Kastilien im Austausch für granadinische Künstler, die ihm Mohammed V. zum Bau seines Alcazar in Sevilla gesandt hatte, seinem Freund christliche Maler zur Verfügung gestellt. Die beiden anderen Alkovendecken enthalten Darstellungen zum Thema des Minnehofes. Die Anwesenheit von figürlichen Darstellungen in der Alhambra sind nichts Außergewöhnliches. Schon im Annexgebäude der *Torre de las Damas* (29) wurden Wandmalereien mit ebenfalls chevalresken Themen gefunden.

Kapitell im Löwenhof

Saal der zwei Schwestern, Blick in die Kuppel ►

E

Baños reales

Die Königlichen Bäder bestehen aus einem zweigeschossigen Hofturm mit prächtig ausgestatteten Liegeräumen und dem anschließenden eigentlichen Badetrakt. Dieser wiederum folgt in der Raumaufteilung dem Schema, das wir von den aus dem 11. Jahrhundert stammenden Bañuelos Arabos am Darro kennen. Die dekorative Ausstattung datiert aus der Zeit Yusufs I., mit einigen Renovierungen unter Mohammed V. Der Bädertrakt ist bauarchäologisch hochbrisant, gibt er doch einige Rätsel auf. Die Bäder waren ursprünglich vom Comares-Palast aus durch eine kleine Tür in der Nähe des Ostendes des nördlichen Portikus zugänglich, gehörten also offensichtlich zum Palast Yusufs I. Die Verschönerungen unter Yusuf und Mohammed vollzogen sich an einem älteren, schwer datierbaren Bad. Von den Vorgängern Yusufs sind nämlich quellenmäßig oder archäologisch keinerlei Palastbauambitionen bekannt. Waren es die Bäder der ehemaligen Wesirsvilla, die wegen der komplizierten Wasserführung am Steilhang nicht verlegt werden konnten? Immerhin erzwang die Beibehaltung der alten Bäder die neue Richtung des Löwenhofkomplexes.

Palacio del Partal, bemalte Holzkuppel

F

Patio de la Daraxa

Den Bäderkomplex betritt man heute durch den obengenannten Patio. Bei diesem Palastteil handelt es sich ausschließlich um Anbauten aus dem 16. Jahrhundert. Diese Anbauten versperren nun den Blick aus dem Mirador de la Daraxa, den Thronsaal Mohammeds V. Die monolithe Brunnenschale stammt ursprünglich aus dem Hof des Cuarto Dorado. Der wertvollste Teil dieses meist nicht zugänglichen Komplexes ist der Freskenzyklus im sogenannten *Peinador de la Reina* (28), den man vom anschließenden kleinen Hof der Königin aus erreicht.

G

Jardines del Partal

Diese à l' arabe eingerichteten Gärten des Partal stammen aus dem 19. Jahrhundert, sind also nicht original. Ihr Name leitet sich ab vom sogenannten *Palacio del Partal* (29). El Partal ist das arabische Wort für Portikus – für eben jenen fünfarkadigen Portikus, welcher der Torre de las Damas vorgelagert ist. Der stark restaurierte Partal ist der älteste Bauteil der Alhambra, der nachweisbar aus der Zeit der Nasriden stammt. Seinem Bauherrn Mohammed III. (1303-1309) soll er als Lustschloß gedient haben, zu welchem eigentlichen Palast ist ungeklärt. Im westlichen Annexgebäude wurden schwerbeschädigte figürliche Fresken aus dem 14. Jahrhundert gefunden. Kopien davon sind im Museum für islamische Kunst im Palast Karls V. zu sehen. Die Anlage in Form eines ⊥ (Turm und vorgelagerter Portikus) soll Ismael als Vorbild gedient haben für seinen Aussichtspavillon im Generalife. Vor dem Partal erstreckt sich ein großes rechteckiges Zierbecken, dessen zwei sitzende Löwen am Südrand die gleiche Formensprache wie die des Löwenbrunnen aufweisen, also aus der Mitte 11. Jahrhunderts datieren und damit wohl ebenfalls Spolien aus der ehemaligen Wesirsvilla sind. Östlich des Portikus, ebenfalls direkt an der Alhambramauer über dem Darro-Tal, schließt ein kleines *Bethaus* (30) an, dessen originale Wanddekoration um den *mihrab* herum aus der Zeit Yusufs I. stammen soll.

Die beiden weiter östlich gelegenen Türme, die *Torre de la Cautiva* (32), der Turm der Gefangenen und die *Torre de las Infantas*, der Turm der Kinder (33), sind geglückte Beispiele für eine Besonderheit der Alhambra, deren Türme zum Darro hin eine Doppelnatur aufweisen: einerseits sind sie Wehrbauten, andererseits bieten sie Raum für kleine oder größere Wohneinheiten (dies gilt auch für die Türme *Torre de Homenaje* (14), *Torre de las Gallinas* (17), *Torre de Comares* (23), *Torre de las Damas* (29). Von diesen beiden mustergültig restaurierten Wohntürmen ist vor allem die aus der Zeit Yusufs I. stammende Torre de la Cautiva ein Musterbeispiel für ökonomische Raumaufteilung und Innendekoration. Die zugehörigen romantischen Legenden sind nachzulesen bei Washington Irving. Leider sind diese Kleinodien nasridischer Baukunst nur zweimal in der Woche geöffnet, am Dienstag- und Donnerstagnachmittag.

Yeseria in del Torre de la Cautiva

H

El Generalife

Gegenüber der Medina mit den erhaltenen Königspalästen auf der anderen Seite des Grabens, der das Plateau im Osten begrenzt, liegt bergwärtsstrebend der dritte größere Bebauungskomplex der Alhambra, der Generalife. Der Name ist abgeleitet vom arabischen Jinnah al Arif, Garten des Erhabenen oder vornehmster aller Gärten. Geklärt sind inzwischen Entstehungszeit und Funktion dieses von Gärten bestimmten Ensembles. Der heute erhaltene, Generalife genannte Bereich war der nördliche, allein dem Wohlbefinden des Königs als Sommerresidenz dienende Teil eines größeren Landgutes (*finca*).

Obwohl die Anlage des Generalife, der sich bis 1921 in Privatbesitz befand, über die Jahrhunderte mehrfach renoviert und umgewandelt wurde – erstmals 1319 unter Emir Ismael I., erneut modifiziert unter Mohammed V., später unter Isabella und Ferdinand erweitert und umgebaut, dann nochmals im 17. Jahrhundert – kennen wir durch Ausgrabungen heute weitgehend seine ursprüngliche Gestalt. Außerdem gibt es zwei wichtige Quellen, die die Gärten des Generalife detailliert beschreiben: Ibn Luyun (nach 1319) und Navagero, venezianischer Gesandter am Hofe Karls V. (1526). Demnach lag der ursprüngliche Zugang bei einer kleinen Pforte, die von der Bastion *Torre de los Picos* (31) und der *Puerta de Hierro* von der Alhambra aus erreicht werden konnte. Zwei kleine Forts schützten den Privatbereich des Sultans. Die Anlage selbst verteilt sich auf zwei Haupttterrassen. Das Kernstück ist der *Patio de la Acequia* (46). Der circa 50 Meter lange und nur 12 Meter breite Gartenhof wird in seiner Längsachse von der zentralen Acequia (Bewässerungskanal) bestimmt, an der der Alhambra zugewandten Seite von einer durch Bögen talwärts durchbrochenen Galerie begleitet, hangwärts zum benachbarten höher gelegenen Zypressenhof oder *Patio de la Sultana* (48) von einer schlichten Mauer getrennt und an den Schmalseiten von zwei kleinen Palästen mit hofwärtigem Portikus architektonisch beherrscht. An die nordwestliche *Sala Regia*, den Königssaal mit Portikus schließt sich die *Torre de Ismael* (47) mit Aussichtszimmer an. Aus der Inschrift im Alfiz des mittleren Bogens des Portikus kennen wir den Erbauer: Ismael I. Aus derselben Inschrift aber geht auch hervor, daß Ismael nur eine bereits bestehende Anlage renoviert hat. Damit ist der Generalife in seiner ersten Form neben den ebenfalls nicht klar datierbaren Bädern, der unter Mohammed II. errichteten und im 16. Jahrhundert zerstörten Mezquita und dem Partal der älteste noch stehende Teil der nasridischen Alhambra.

Von höchstem Interesse ist dieses Lustschloß des Generalife, weil es zum Abschluß unseres kleinen Rundganges durch die Alhambra in mustergültiger Weise – und auch hier mit Hilfe von poetischen Inschriften – die zwei Grundformen arabischer Gärten in Typus und Ikonographie vor Augen führt. Der Patio de la Aceqia vertritt den allgemeinen mittelmeerischen Typ des von Architektur eingefaßten und wie diese durchkonstruierten, meist in vier gleich große Felder mit Brunnen in der Kreuzung aufgeteilten Gärten. Die Wasser haben kaum oder kein Gefälle, die Brunnen gehören dem stummen oder stillen Typ an. Die Bepflanzung erfolgt ausschließlich mit Blumen, deren Auswahl nach ihren Farben und ihrem Wohlgeruch bestimmt wird. Es ist das gebaute Paradies der Architekten. Die Inschrift am Brunnen erklärt uns:

Sein Wasser läuft wie flüssige Perlen über blankes Eis, welch großes Wunder.

Der Ton des Wassers in seiner beruhigenden Wirkung ist von Brunnen zu Brunnen genau berechnet, so daß Federico García Lorca, der bedeutendste Sohn Granadas der Neuzeit, feststellen konnte:

Unter dem Wasser ruhen die Worte, Reste verlorener Stimmen.

Die andere Gartenform, die koranische genannt, erfüllt die Vorstellungen, die im heiligen Buch des Islam vom (Paradies-)Garten entwickelt werden. Demnach hat dieser Garten ein Zier- und Nutzgarten zu sein, der reich beschattet werde von einer Überfülle von Bäumen und durchzogen werde von Wasser, das überall quellt und fließt. Diesen koranischen Paradiesgarten finden wir im Generalife verwirklicht in den sogenannten Oberen Gärten (*Jardines Altas*) und dort vor allem die Wassertreppe (*Escalera de Agua*) (49). Hohe schattenspendende Bäume und gut vernehmlich rauschende, bewegte Wasser sind dementsprechend die wichtigsten Bauelemente dieses Gartenteils.

Beim Verlassen des Generalife bleibt dem Besucher nur übrig, mit Ibn zaydun zu seufzen:

In diesem Garten durfte ich nicht ernten,
Nur Duft und Anblick waren mir vergönnt.

Generalife

Die neue Zeit bricht an

Kolumbus – ein Schwindler am Ziel seiner Wünsche

Erste Etappen auf dem Weg zur großen Entdeckung

»Leben und Persönlichkeit des Entdeckers Amerikas sind heute noch trotz aller Bemühungen der Geschichtsforschung in Dunkel gehüllt und geben für viele Fragen verschiedenartigen und entgegengesetzten Auffassungen Raum. Kolumbus gehört zu den rätselhaftesten Unbekannten der Weltgeschichte«, schrieb Konetzke 1941, und in der letzten kritischen Quellenausgabe zu Kolumbus vor dem großen Kolumbusjahr 1992 überschrieb Antonio Gutierez Escudero das Kapitel über das Leben des Amerika-Entdeckers mit: »Un enigma llamado Cristobal« – ein Geheimnis genannt Cristobal Colon.

Daß in bezug auf die Person des großen Entdeckers noch viele Fragen offen sind, liegt nicht zuletzt an Kolumbus selbst. Warum er ständig falsche Angaben über sein Leben und zu verschiedenen Ereignissen gemacht hat, wird heute unterschiedlich beantwortet. Unstrittig sind inzwischen jedoch Person, Elternhaus, Geburtsdatum, Geburtsort, Taufe, Ausbildung als Wollweber, seine Handelsfahrten entlang der ligurischen Küste bis Korsika im geschäftlichen Auftrag seines Vaters sowie spätere Handelsfahrten für die Genueser Handels- und Bankhäuser Centurione und Di Negro bis nach Madeira (1479) und England. Gegen 1476 ließ er sich in Lissabon nieder, wo sein jüngerer Bruder Bartolomäus als Buchhändler und Kartograph tätig war. Sein Bekanntenkreis beschränkte sich auf die Angehörigen der großen genuesischen Kolonie in Lissabon und Juden, die in der Akademie für Nautik und Kosmologie in Sagres großen Einfluß hatten. Seine angebliche Thule-Reise wird verschiedentlich bestritten. 1479 heiratete er in Lissabon Felipa Perestrello, die Tochter eines Piacentiner Handels- oder Bankherrn. Felipa schenkte ihm den ersten Sohn Diego. Aus den Unternehmungen im Auftrag des Bankhauses Centurione, das 1447 in Genua die Goldwährung wiedereingeführt hatte, lernte er die Bedeutung dieses Metalles für alle Handelsunternehmungen kennen. Eine andere Kauffahrt führte ihn entlang der afrikanischen Küste bis Guinea. Der Schwager Felipas war frühzeitig in das erbliche Amt des Verwalters der Insel Portosanto vor Madeira gekommen, wo Kolumbus vorübergehend Wohnsitz nahm. Sein Bruder Bartolomäus brachte ihm wohl die Grundkenntnisse der Kartographie bei und

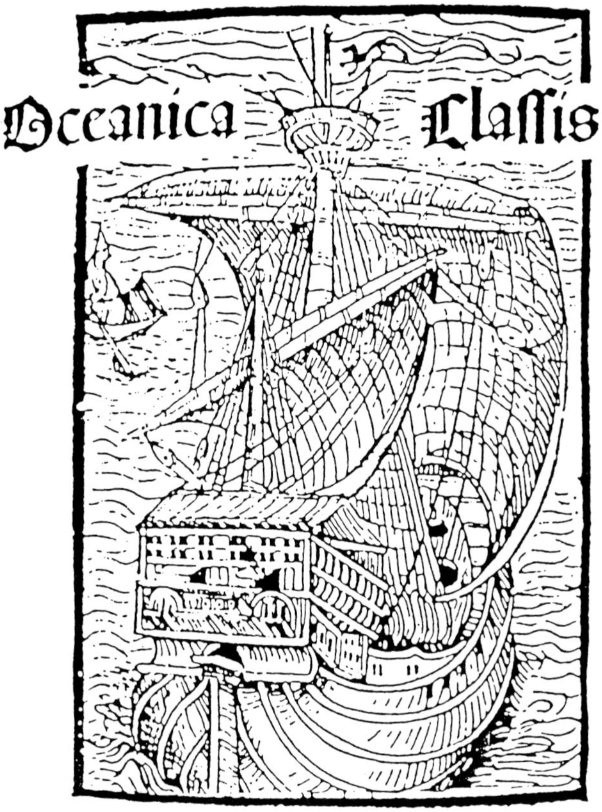

Spanische Caravelle

führte ihn in den Kreis der berühmten Kartographen im Dienste der lusitanischen Könige wie Martin Behaim ein. Die mehr oder weniger ernst zu nehmenden Berichte von Seeleuten über geheimnisvolle Inseln und Länder im westlichen Atlantik waren geeignet, seine stets wache Phantasie zu beflügeln. Auch studierte Kolumbus alle damals wichtigen und ihm zugänglichen Schriften zur Kosmologie. In seinem Besitz befanden sich nachweisbar folgende Bücher: Pierre d'Ailly, (lat. Petrus Aliacus) *Ymago mundi* (1410), eine Kompilation des damals bekannten Wissens über die Kosmologie, wichtig darin vor allem der Hinweis auf Alfraganus (Al Fargani, 9. Jh.); Eneas Silvio Piccolomini (Pius IV.), *Historia rerum ubique gestarum*; Plinius d. Ä., *Naturalis Historia* in der Übersetzung von Landino (Venedig 1489), von Kolumbus mit zahlreichen Marginalien versehen; Marco Polo, *Mirabilia mundi*. Die für das kosmologische Wissen des späten Mittelalters entscheidenden, seit dem Anfang des 12. Jahrhunderts ins Lateinische übersetzten Schriften des Ptolemäus hat er wohl durch die Bibliothek in der Tesouraria in Lissabon kennengelernt. Gleiches gilt für die von Martin Behaim in Portugal eingeführten astronomischen Jahrbücher des Regiomontanus. Den berühmten Brief Toscanellis nebst Weltkarte (1474) hat Kolumbus auf dem Umschlag der *Historia rerum ubique gestarum* des Piccolomini kopiert. Von besonderer Wichtigkeit waren für ihn Marco Polo wegen der Ausdehnung des Bereichs östlich von China, die genauen Meilenangaben für die Abmessungen eines Längengrades bei Al Fargani, die Karte des Ptolemäus und der Brief von Toscanelli, dessen damals unangefochtene Autorität bestätigte, daß man Indien über den Atlantik erreichen könne, die Entfernung kürzer als allgemein angenommen sei und daß der 10. Raum der Insel Cipango »sehr reich an Gold, Perlen und Edelsteinen sei« und »die Tempel und Paläste (...) mit purem Gold gedeckt« seien.

Seitdem vor allem genuesische Seefahrer im 14. Jahrhundert über die Säulen des Herkules hinausgefahren sind und dabei erstmals wieder die der Antike, den Arabern und offenbar auch den Normanen durchaus bekannten Kanarischen und Kapverdischen Inseln sowie Madeira entdeckten, setzte im mittleren Atlantik eine Art Entdeckerwettrennen ein, bei dem zur Zeit des Kolumbus Portugal die Nase vorn hatte. Für Spanien – Kastilien war mit der Reconquista beschäftigt, Katalonien beschränkte sich auf das Mittelmeer und die Seefahrt zu den Tuchmärkten in Flandern und die Basken waren auf den nördlichen Atlantik spezialisiert – waren bei der ersten Aufteilung des Atlantiks unter Portugal und Kastilien im Vertrag von Alcaçovas/Toledo 1479 nur die Kanaren übrig geblieben.

Einen Wendepunkt in der Seefahrtsgeschichte Portugals läutete das Jahr 1415 ein. In diesem Jahr hatte der 21jährige jüngere Bruder des portugiesischen Infanten im Wettlauf mit Kastilien um die Besetzung der nordafrikanischen Küste die marokkanische Hafenstadt Ceuta eingenommen. Bei der Plünderung der Stadt waren Heinrich dem Seefahrer – so wurde von nun an dieser portugiesische Prinz genannt – das komplette Archiv des dortigen Emirs mit wertvollen arabischen Schriften zur Seefahrt und Kosmologie samt wichtiger arabischer Seekarten in die Hände gefallen. Direkte Folge davon war die Gründung der Seefahrerakademie in Sagres. Die wertvollsten Karten wurden in der Schatzkammer in Lissabon, der Tesouraria, streng bewacht. Nun ging es Schlag auf Schlag mit der Besiedlung Madeiras (ab 1425), der Azoren (1432-1457) und der Kapverdischen Inseln (1460). Eine Reihe offizieller Fahrten in den Atlantik hinein – oder darüber hinaus – waren angeblich gescheitert. Die Geheimhaltung von Entdeckungen war das Normalverhalten in diesem Falle und die Konsequenz davon blühende Kartenspionage allenthalben. Die für Kolumbus später wichtigste dieser Fahrten war die des Diego Teive (1452), an der auch der Paleser Seemann Pedro Vazquez beteiligt war. Interessanterweise stammen aus dieser Periode eine Reihe meist nur in schematischer Form angefertigter Seekarten, die Inseln, Archipele, Küsten und Details zu einer Zeit angeben, als diese offiziell noch gar nicht entdeckt waren.

Durch seine Fahrten von Island bis Guinea, einen Aufenthalt auf Madeira, die Auswertung von mündlichen Seefahrerberichten und von Kartenmaterial in der Königlichen Schatzkammer zu Lissabon war Kolumbus zu einem der beschlagensten Atlantik-Experten gereift. Und er hatte etwas herausgefunden – nicht etwa, daß die Erde rund war und man theoretisch auf dem Westweg nach Ostasien gelangen konnte. Das wußte zu diesem Zeitpunkt jeder. Und die Zeit hatte Flügel. Täglich konnte ihm ein anderer, sei es durch Zufall oder ebenfalls gezielt, zuvorkommen. An der Nordroute war er offensichtlich nicht interessiert. Da gab es nichts mehr zu »entdecken«. Außerdem wußte er nicht, daß Vinland, der Norden Amerikas bis New York, mit dem Erdteil, den er als erster Europäer auf dem Westwege erreichen wollte, zusammenhing.

Der Plan, der in seinem Kopf feste Gestalt angenommen hatte, muß wohl wie nachfolgend ausgesehen haben: Als ersten Schritt mußte er unter dem Vorwand, Cipango (Japan) anzustreben, die noch legendäre Insel Brazil ansteuern und von dort bequem in Richtung Süden seinen vermeintlich nur ihm bekannten Erdteil, das heutige Südamerika, erreichen. Gelang ihm das, war er der Größte. Er brauchte nur einen Auftraggeber, am besten einen königlichen. Dabei durfte er allerdings nicht preisgeben, was er wirklich anstrebte. Das war von nun an sein größtes Problem, denn Portugal war nur am Ausbau seiner angestrebten Monopolstellung im Gewürzhandel – und natürlich auch an Edelmetallen –, d.h. an Indien, interessiert.

1485 reichte Kolumbus beim König von Portugal ein Projekt ein, durch das man, wie er versicherte, in kürzerer Zeit als allgemein angenommen auf dem Westweg über den Atlantik nach Indien gelangen könne. Als Köder und Garanten benutzte er u.a. die Darstellung von Toscanelli, dessen Brief ja in der Tesouraria bekannt war. Die verkürzte Strecke rechnete er genau vor, indem er von einer erweiterten Ökumene von 282° ausging und die restliche verbleibende Strecke zwischen Ostasien und Portugal (78°) zwar mit dem richtigen Maß von 56,7 Kilometern pro Gradeinheit statt der damals allgemein üblichen 62,5 Meilen angab, aber diese bei Al Fargani mit 1.973 Metern gemessene Entfernung in italienischen Meilen mit nur 1.477,5 Metern berechnete. Die Entfernung betrug demnach nur noch 3.900 Meilen oder 5.762 Kilometer, was etwa der Entfernung von Portugal nach Südamerika entspricht. Doch die vom König eingesetzte Kommission aus hochkarätigen Fachleuten durchschaute den Schwindel, den ihnen da der gelernte Wollweber aus Genua und Autodidakt in Sachen Kosmographie (Geographie) auftischen wollte. Das Projekt, das glauben machen sollte, Cathay (China) läge nur 3.900 Meilen von Lissabon entfernt, wurde abgelehnt. Danach verließ Kolumbus überstürzt die lusitanische Hauptstadt.

Hatte er einen Mord begangen, wie viele meinen? Einen Mord an einem schiffbrüchigen Kapitän und dessen vier überlebenden Matrosen, die durch einen Hurrikan an die südamerikanische Küste verschlagen worden waren? Ein Bekanntwerden der Existenz Südamerikas hätte alle Pläne des Genuesen zunichte machen können. Oder hat Kolumbus vor seiner Flucht aus Lissabon aus der Tesouraria, wie später bewiesenermaßen Magellan, wichtige geheime Unterlagen geklaut? Jedenfalls bot König Johann II. von Portugal Kolumbus für den Fall seiner Rückkehr nach Lissabon verdächtigerweise Aussetzung von Strafverfolgung an. Irgend etwas muß er also angestellt haben.

Kloster La Rabida bei Huelva

Palos de la Frontera

Im Land der Katholischen Majestäten: neue Taktik – gleiche Lüge

Der nächste Etappenort von Kolumbus war Huelva, wo er bei seiner Schwägerin Violante Moniz seinen sechsjährigen Sohn Diego deponieren wollte und wo im Hafen von Palos für ihre Atlantikkenntnisse bekannte Seefahrer wie die Pinzon-Brüder zu Hause waren. Dort lag auch das Franziskanerkloster La Rabida ganz nahe, wo Abt Fray Antonio de Marchena, ein angesehener Kosmologe, Prior war; die Franziskaner waren seit dem 13. Jahrhundert durch ihre Chinamission die besten Ostasienkenner. Von Huelva aus konnte er bequem Cadiz, die Heimatstadt zweier wichtiger Granden des kastilischen Königreichs – die Herzöge von Medina Sidonia und Medinaceli –, und Sevilla, als größte genuesische Kolonie in Kastilien ein Zentrum genuesischer Banken und Handelshäuser, erreichen.

Daß er im Kloster La Rabida mit Fray Juan Perez, dem ehemaligen Beichtvater und Schatzmeister der Königin Isabella, einen seiner Sache aufgeschlossenen und äußerst nützlichen Freund fand, ist wieder das Glück des Tüchtigen, das ihn in mißlichen Situationen stets begleitete. Luis de Cerda, der Herzog von Medinaceli, nahm ihn bis 1486 in seinem Palast als Gast auf und vermittelte ihm am 20. Januar 1486 eine erste Audienz bei der durch die Schlußoffensive gegen Granada äußerst beschäftigten Königin. Wiederum wurde eine Eingabe zum Zweck der Prüfung verlangt. Nach fast vierjähriger Prüfzeit aber wurde das Projekt auch durch die kastilische Kommission in Cordoba abgelehnt, und zwar aus ähnlichen Gründen wie schon zuvor in Lissabon. Immerhin lernt Kolumbus aber einen für ihn später so wichtigen Dominikanerprofessor der Universität Salamanca kennen, den späteren Generalinquisitor Diego Deza.

Kolumbus gab nicht auf. Gegenüber den Katholischen Majestäten änderte er nun die Taktik. Bei den Franziskanern von La Rabida, wo er seit 1491 wieder wohnte, betonte er den Vorteil seiner Entdeckungen für die Mission. In La Rabida lernte er möglicherweise auch die Schriften Ramon Lulls kennen, die ihn in seiner Annahme bestärkten, »daß es auf der anderen, westlichen Seite des Ozeans einen anderen Kontinent gäbe, den wir weder sehen noch kennen.«

Das durch die Kämpfe zur Einigung Spaniens und den Feldzug gegen Granada gähnend leere Staatssäckel der Katholischen Majestäten zu füllen, wurde wieder durch den Hinweis auf die zu erwartenden Schätze an Gold und Edelsteinen in Aussicht gestellt. Doch wurden auch zwei neue Aspekte ins Spiel gebracht. Zum einen die für Isabella und Ferdinand noch keineswegs abgeschlossene Reconquista, als deren Vollender sich beide auserwählt sahen. Die erneut wachsende islamische Bedrohung im östlichen Mittelmeer durch die Osmanen und in Nordafrika durch die Mamelucken, so Kolumbus, könnte durch einen Angriff der Türken im Rücken Erfolg versprechen. Zum zweiten wurde durch Bezugnahme auf das Alte Testament, genauer die Prophezeiungen des Jesaias, die von Gott gewollte Mission der Katholischen Majestäten betont, nämlich die restliche noch nicht

Einziges authentisches Kolumbus-Porträt

christliche Welt zum wahren Glauben heimzuführen.

»Völker, die du [das Volk Israel] nicht kennst, wirst du rufen; Völker, die dich nicht kennen, eilen zu dir.« (Jesaja 55, 5) und vor allem: »Die Schiffe kommen von den fernsten Küsten, voran die Schiffe von Tarschisch, um seine Söhne mit ihrem Gold und Silber aus der Ferne zu dir zu bringen.« Diese Zitate enthalten alles, was Kolumbus brauchte, wobei das auserwählte Volk ausgerechnet von ihm, der vielleicht selber jüdischer Abstammung war, auf Kastilien umgemünzt wurde. Die »unbekannten Völker« wurden als die noch zu entdeckenden Länder gedeutet, die »fernsten Küsten« aus europäischer Sicht mit Spanien gleichgesetzt – letzteres untrüglich, da explizit Tarschisch genannt wird, das ja seit alters mit Tartessos identifiziert wurde.

Als auch das nichts half, mußte der notorische Schwindler Farbe bekennen. Als er sich völlig niedergeschlagen durch die erneute Abweisung – vielleicht *sub sigillo* – bei seinem Freund Bruder Juan Perez ausweinte, so daß dieser nun über den wahren Hintergrund seiner »Verbrechen« in Portugal und damit die eigentlichen Ziele des Projekts und deren realistische Basis erfuhr, genügte ein einziger Brief an seine Ex-Beichterin Isabella, daß Kolumbus nun ganz überraschend noch während der Übergabeverhandlungen für Granada bei Hofe vorgelassen wurde – bei gleichzeitiger Überweisung einer kleineren Geldsumme zur hoffähigen Ausstattung des künftigen Admirals. Auffällig ist einerseits, daß in den Kapitulationen, d.h. Verträgen von Santa Fe am 17. April 1492 mit keinem Wort von Indien, Cathay oder Cipango die Rede ist und daß andererseits der »Niemand« Kolumbus im letzten Moment Konditionen durchsetzte, die ganz im Gegensatz zu den bislang von Ferdinand und Isabella verfochtenen Grundsätzen der spanischen Innenpolitik standen. Offenkundig hat Kolumbus Einblick geben müssen in seine wirklichen Quellen und Absichten.

Aber ebenso offenkundig ist, daß er wieder nur einen Teil seines Vorhabens, und zwar den unwesentlicheren, offengelegt hatte. Denn in der Einleitung zu seinem für die Katholischen Majestäten verfertigten Bordbuch der ersten Reise – sofern dieses nach seiner dreifachen späteren Umschreibung überhaupt noch als authentische Quelle gelten kann – schrieb der neuernannte Admiral: »Im gleichen Monat wurde von Euren königlichen Hoheiten beschlossen, mich, Christophorus Kolumbus, nach jenen Gegenden Indiens zu senden, von denen ich Euren Hoheiten Mitteilung gemacht habe.« Bei seiner Rückkehr wird er Johann II. von Portugal erklären, daß er Cipango gefunden habe und er bestärkte auch alle anderen in dem Glauben, daß er Indien erreicht habe. Wieder hatte er gelogen. Er mußte es, wie wir sehen werden.

Der Fortgang der Entdeckung seit den Kapitulationen von Santa Fé ist bekannt und in allen Schulbüchern nachzulesen. Nur eines nicht: nämlich was er wirklich suchte und genau dort fand, wo er es vermutet hatte.

Königin Isabella von Kastilien, die Katholische

Was Kolumbus wirklich suchte und fand

»Niemals hat ein großartigerer Irrtum eine großartigere Entdeckung hervorgebracht.« Mit diesem Bonmot irrte wahrscheinlich der große Leopold von Ranke.

Bei seinem Studium in der Königlichen Tesouraria in Lissabon muß Kolumbus fast zwangsweise auf eine Kopie der ptolemäischen Weltkarte gestoßen sein, vielleicht eine arabische Kopie aus der Bibliothek von Ceuta. Die Kollegen bzw. die in Gegensatz zu ihm schulmäßig ausgebildeten Kosmographen hatten die ihnen bekannte Karte wohl nicht genügend beachtet oder nicht genau angesehen. Nach der ptolemäischen Weltkarte war das Geschwätz von einer direkten Fahrt nach Indien über den Atlantik, das in aller Munde war, gar nicht möglich. Diese Karte, die nur eine Nachzeichung einer verschollenen genaueren Karte des Marinus von Tyrus war und von Ptolemäus in ihrem Ostteil unzulässigerweise maßgeblich verändert worden war, weist eine Tücke auf: sie kommt an ihren Rändern nicht zur Deckung. Westlich von Spanien ist offenes Meer, der Atlantik. Am östlichen Rand aber ist Land, ja ein ganzer Kontinent eingetragen mit genauem Küstenverlauf und der zur Römerzeit bekannten Stadt Cattigara. Die Küste ist keine andere als die Westküste von Amerika, dessen Ostküste am Atlantik liegen müßte, aber nicht eingezeichnet ist, denn darüber hatte Ptolemäus – sprich Marinus von Tyrus – keinerlei Angaben. Das Land hinter dieser riesigen Küste aber mußte eine Mindestausdehnung in Ost-West-Richtung besitzen.

Kolumbus hatte diese Entdeckung nicht als einziger gemacht. 1489, also drei Jahre vor seiner nun endlich finanzierten ersten Reise, war in der Normandie die Weltkarte des Heinrich Hammer in Druck gegangen. Auf dieser Karte erscheint wieder der Sinus Magnus des Ptolemäus mit einem riesigen Subkontinent mit Cattigara im Westen und einer Ostküste, die ziemlich genau den Verlauf der entsprechenden Küste Südamerikas zeigt. Dieser nach der gleichnamigen Stadt genannte Kontinent Cattigara lag einer direkten Fahrt von Spanien nach Indien im Wege. Für ein Projekt ohne garantierte oder zumindest zu erwartende Ausbeute, wie es die Entdeckung des Kontinents Cattigara bedeutet hätte, hätte Kolumbus von niemandem auch nur eine müde Maravede bekommen. Hatte er aber erst einmal das Geld und die Schiffe, um nach Westen zu fahren, war der Rest ein Leichtes. Die weit westlich im Atlantik liegenden Inseln Antilla (auch Siete Ciudades), Brazil (vielleicht Kuba) sowie andere auf skizzierten Seekarten und aufgrund von Seemannsberichten im Gespräch befindlichen Inseln hielt Kolumbus als einer der wenigen seiner Zeit keineswegs für Seemannsgarn. Sie mußten seiner Berechnung nach auf dem Längengrad des Kontinents Cattigara (Südamerika) liegen. Von dort war es ein Katzensprung zu seinem eigentlichen Ziel. Die nachfolgenden vier Reisen haben in der Konsequenz ihrer Durchführung bezogen auf dieses Ziel geradezu etwas Generalstabsmäßiges:

König Ferdinand von Aragon, der Katholische

Weltkarte des Ptolemäus, Ulm 1492 ►

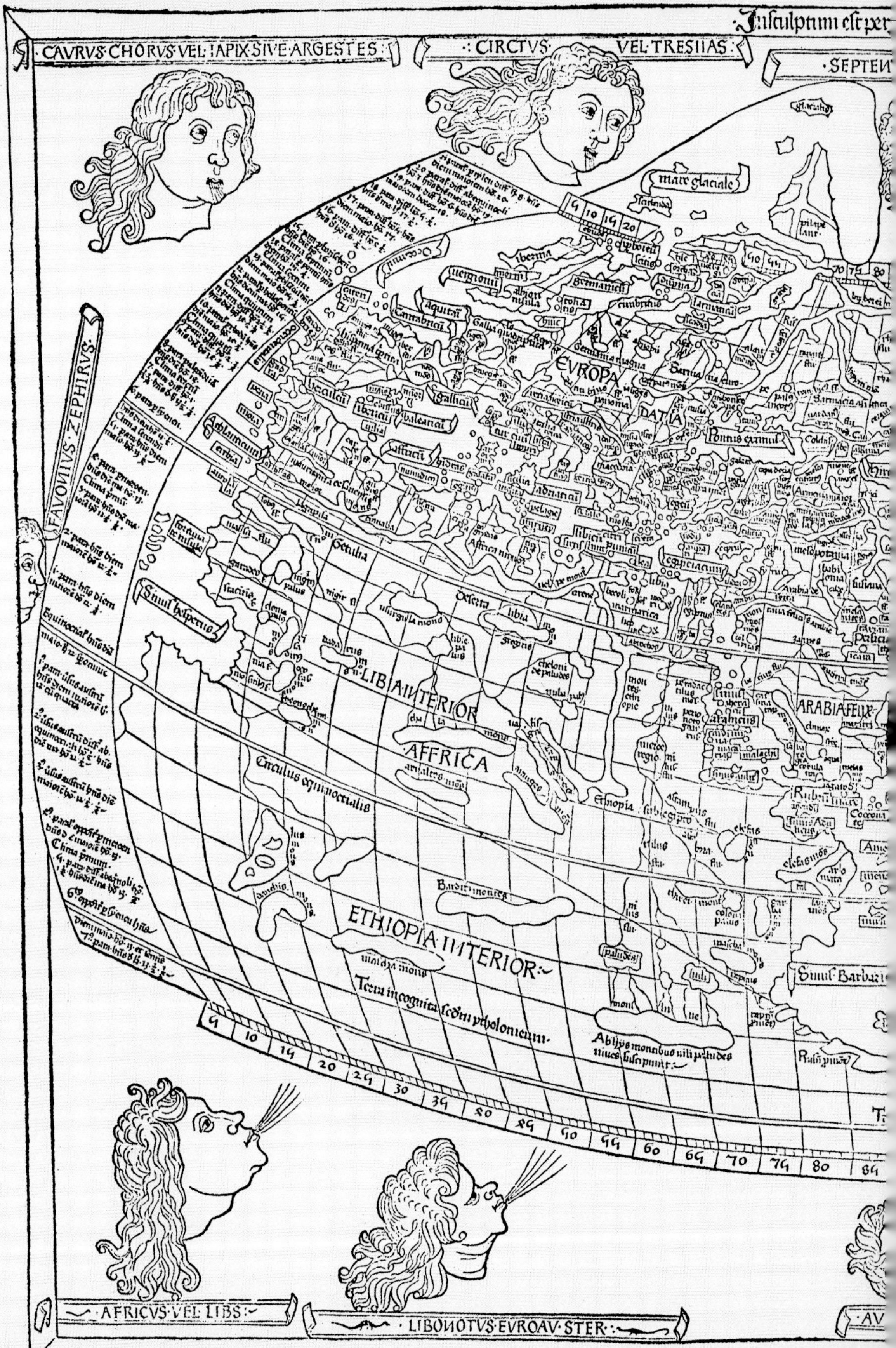

Insculptum est per
CAVRVS·CHORVS·VEL·IAPIX·SIVE·ARGESTES
CIRCTVS VEL·TRESIIAS
SEPTEN
FAVONIVS·ZEPHIRVS
mare glaciale
EVROPA
LIBIA INTERIOR
AFFRICA
Circulus equinoctialis
ETHIOPIA INTERIOR
ARABIA FELIX
AFRICVS·VEL·LIBS
LIBONOTVS·EVROAVSTER

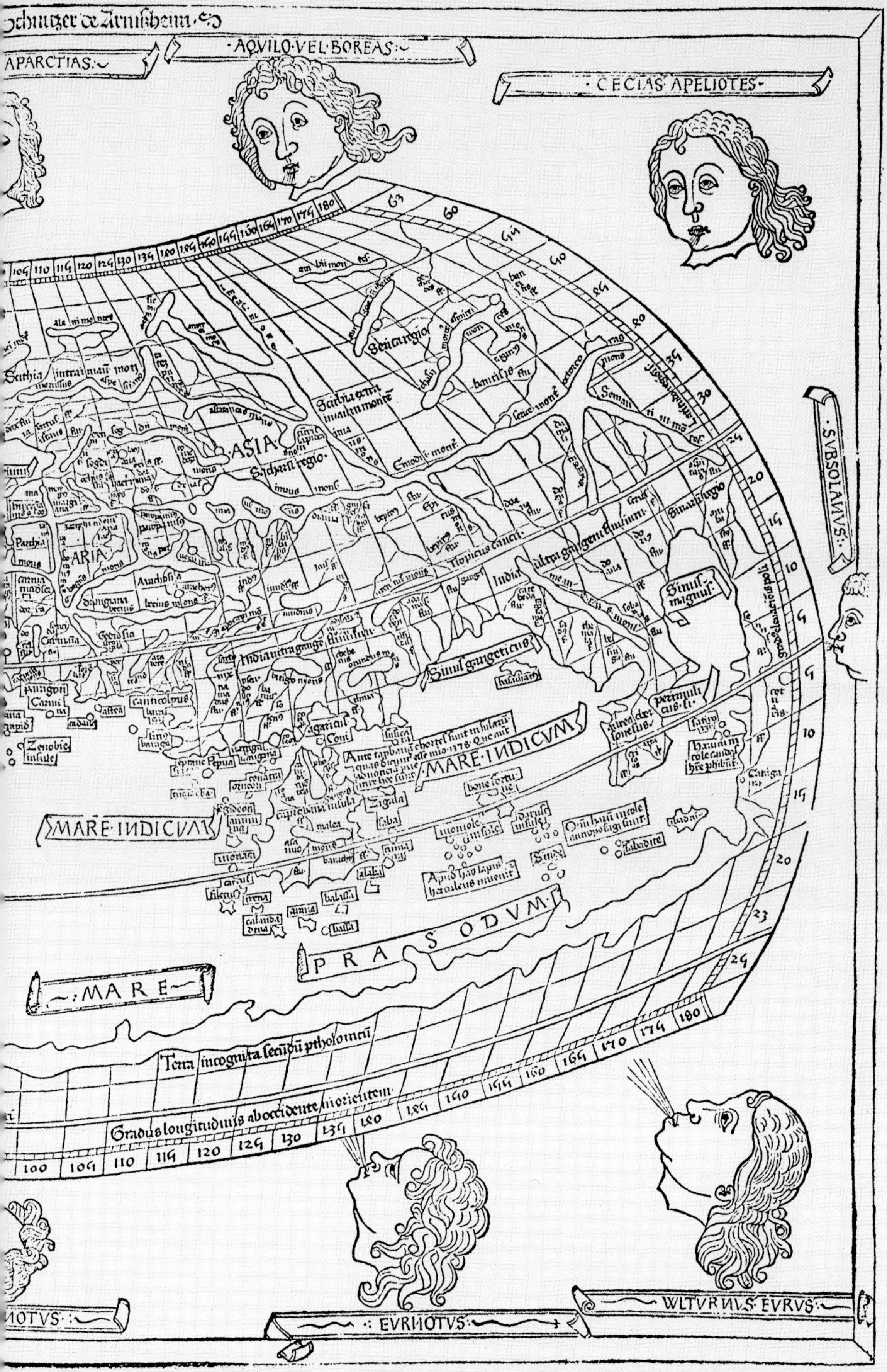
AQVILO VEL BOREAS
APARCTIAS
CECIAS APELIOTES
SVBSOLANVS
ASIA
ARIA
Parthia
Sinus gangeticus
Sinus magnus
MARE INDICVM
MARE INDICVM
PRAS ODVM
MARE
Terra incognita secundum ptholomeum
Gradus longitudinis ab occidente in orientem
VVLTVRNVS EVRVS
EVRNOTVS
NOTVS

Erst nach den lagemäßig bekannten Inseln fahren, dann die nähere Umgebung bestimmen, schließlich nach Süden segeln, wo unfehlbar die Nordküste dieses Kontinents zu treffen war und dann in Richtung Westen die weiteste Entfernung dieses Landes von Europa feststellen. Und genau das hat Kolumbus gemacht.
Hier der Beweis für die erste Etappe seines Gesamtprojekts, die erste und zweite Reise:

a) bei der Flaute im Sargassomeer meutern die Seeleute, mit der Begründung: »Da wir in diesen Gegenden des Ozeans niemals hohen Seegang erlebt hatten!« Das heißt, einige mußten schon einmal in diesen Gewässern gesegelt sein.
b) Bei der Landung auf Guadeloupe im Verlauf der zweiten Reise fanden sie die Wrackteile eines europäischen Schiffes, das nicht die Santa Maria gewesen sein kann.
c) Sein Freund Gonzales Fernandez Oviedo, der Autor der *Historia Natural General de las Indias*, behauptet, Kolumbus hätte auf seiner ersten Reise die Karten des portugiesischen Seemans Vincente Diaz de Tavira benutzt, der auf der Rückkehr von Guinea im Westen von Madeira auf Land gestoßen war. Außerdem schrieb er: »Einige behaupten, daß dieses Land schon vor langen Zeiten bekannt war und daß geschrieben und vermerkt wurde, wo es liegt und auf welchem Grad (...) und ich selbst stehe diesem Verdacht nicht fern.«
d) Ein anderer Freund des Kolumbus, der Dominikanerpater Bartholomé de Las Casas, bezeugt, daß sich die Eingeborenen an die Ankunft von weißen Seefahrern einige Jahre vor Kolumbus sehr genau erinnerten.

Den letzten Beweis könnte Kolumbus selber liefern mit zwei angeblich von seiner oder der Hand des Bruders Bartholomäus an den Rand einer aus seinem Besitz stammenden Karte gezeichneten Lageskizzen, die das Datum Mai 1503 tragen, also während der vierten Fahrt entstanden sein müßten. Diese Lageskizzen, die Ibarra Grasso in der Nationalbibliothek in Florenz gefunden haben will, zeigen erstens eine Ortsbestimmung in Form einer Korrektur der ptolemäischen Karte mit ausdrücklicher Nennung von Cattigara und zweitens den Versuch einer Fixierung der Karibik in bezug auf den damals noch nicht bekannten Isthmus von Panama. Außerdem ist an der südamerikanischen Küste bereits der Amazonas eingezeichnet als Mare dulce und der Kontinent heißt nicht India sondern Mondus Novus. All dies hätte Kolumbus allein aufgrund seiner Entdeckungsfahrten nicht wissen können. Leider sind die beiden angeblichen Kartenskizzen in der Nationalbibliothek in Florenz zur Zeit nicht aufzufinden. Dennoch gilt das Resümé von de Mahieu: »Die Entdeckungen des Kolumbus und Magellan haben einen gemeinsamen Ausgangspunkt: den Raub geheimer Karten aus der Tesouraria des Königs von Portugal. Und sie erwecken die gleiche Vermutung: es handelt sich um von Martin Behaim angefertigte Karten. Kolumbus weiß, ehe er ausläuft, daß er nicht Asien, sondern einen großen Mondus Novus erreichen wird, nichts anderes als die Halbinsel Cattigara. Er weiß genau, wo er sich befindet.«

Ein Zeitgenosse von Kolumbus, Andres de Bernandez, Autor der *Historia de Los Reyes Catolicos,* schildert diesen als einen »Mann von hohem Geist, ohne viel Wissenschaften zu beherrschen, sehr geschickt in der Kunst der Kosmographie und der Einteilung der Welt, der nach dem, was er bei Ptolemäus las und nach anderen Büchern und nach seinem Scharfsinn erkannte, wie und in welcher Art die Welt beschaffen ist.«

Es kann heute keinen Zweifel geben, daß die Portugiesen von der Existenz des Erdteils Südamerika wohl wußten, ihnen zugleich aber auch klar war, daß dieser nicht das gesuchte Indien war, und sie deshalb kein Interesse an der Kolonisierung dieses großen Landes an den Tag legten. In diesem Punkte war Kolumbus den unternehmerischen Portugiesen um eine ganze Welt – die südamerikanische – voraus. Und Kolumbus war doch der Größte. Auch wenn die Amerikaner damit heute Schwierigkeiten haben.

Sevilla, Plaza Santa Cruz

Das Goldene Zeitalter – el siglo de oro (1492-1621)

Die Katholischen Könige: Reformen und ihre Folgen

War Kolumbus der größte Entdecker aller Zeiten, so waren Ferdinand und Isabella das bedeutendste Herrscherpaar Spaniens. Sie waren in der Tat die Vollender der spanischen Einheit, die Schöpfer des neuzeitlichen spanischen Nationalstaates und die Wegbereiter der Weltmacht Habsburg. Das Einigungswerk der »Reyes Catolicos« – ein Ehrentitel, der dem Herrscherpaar 1494 von Papst Alexander VI. per Bulle verliehen worden war« – beschränkte sich keineswegs auf die Zusammenlegung der Königreiche León-Kastilien und Aragon und die Eroberung des islamischen Königreichs von Granada. Kaum war der Thronfolgekrieg mit Portugal siegreich beendet, begann das zielstrebige Paar sein Reich tiefgreifend umzustrukturieren und zu reformieren durch Hebung des königlichen Ansehens, Schaffung neuer Reichsinstitutionen wie 1489 die Einrichtung der königlichen Chancelleria oder Audiencia, des Obersten Gerichtshofs mit drei Instanzen, die Einführung eines Königlichen Obersten Beamten, des Corregidor, Durchführung einer Verwaltungsreform und einer Wirtschaftsreform durch straffe Zentralisierung und staatliche Kontrolle aller Aus- und Einfuhren, einer Münz- und einer Heeresreform sowie einer Reform des Mönchswesens und die Festlegung neuer Regelungen für den Glauben – aber auch Einführung der Inquisition im Jahre 1478 zur Überwachung der zwangskatholisierten Juden. Zur Förderung der Ausbildungsqualität wurden zahlreiche Universitäten und Kollegs nach dem Vorbild von Salamanca gegründet. Alle königlichen Reformen verfolgten das Endziel der staatlichen Einigung Spaniens unter der neu erstarkten Monarchie und die Festigung der königlichen Gewalt durch eine straff zentralisierte Verwaltung und Wirtschaft. Damit war die administrative Voraussetzung des späteren spanischen Imperiums geschaffen und der Absolutismus in Europa gezeugt.

Durch die offizielle Bestallung von Kolumbus zum Königlichen Admiral war der Weg zur Kolonialmacht mit aller Konsequenz beschritten und durch den Vertrag von Tordesillas (1494) mit päpstlichem Segen versehen. Die gezielte Verheiratung der einzigen übriggebliebenen berechtigten Thronerbin Johanna mit Philipp dem Schönen, dem ebenfalls einzigen Thronerben des habsburgischen Kaiserreiches, veränderte die Kräftekonstellation in Europa tiefgreifend in Richtung auf die habsburgische Weltmacht. Karl V. war nur der Verwalter und Vollender des von Isabella und Ferdinand geschaffenen Reiches.

Was aber hat dies alles mit Andalusien zu tun? Nun, seit das spanische Wanderkönigtum unter Ferdinand III., dem Heiligen, seinen Regierungssitz von Toledo nach West-Andalusien verlegt hatte und seit 1492 auch Ost-Andalusien kastilisch geworden war, fand eine Verlagerung des politischen Schwergewichts nach Andalusien statt. Spanische Geschichte wurde nun für mindestens zwei Generationen von Südspanien aus geschrieben.

Nach der Übergabe von Granada hatten Ferdinand und Isabella diese Stadt zur symbolischen Hauptstadt ihres Reiches erhoben. Der Neubau der Kathedrale, die Schaffung der Chancelleria in Granada (1500), die Förderung von Klosterbauten wie S. Jeronimo und S. Domingo und von Wohlfahrtseinrichtungen wie das Hospital Real, ein erster Umbau der Alhambra, der Bau der Königlichen Grablege (Capilla Real) sowie städtebauliche Maßnahmen und vieles andere mehr bekunden den Willen der Katholischen Majestäten, Granada als bleibenden Regierungssitz auszubauen. Karl V. setzte diese Politik zunächst fort u.a. durch den Bau des Kaiserlichen Palastes in der Alhambra als Symbol kaiserlicher Macht, den Umbau des Chorhauptes der Kathedrale zum Tempel des Kaisertums, die Einführung der palatinischen Gerichtsbarkeit für den Gouverneur der Alhambra, die Einrichtung einer königlichen Münze, und bis zur Verlegung der politischen Zentrale 1561 unter Philipp II. nach Madrid blieb Granada zumindest symbolisch die Hauptstadt Spaniens. Ende des 16. Jahrhunderts zählte Granada 68.900 Einwohner und war damit eine der ganz großen Städte des Abendlands.

Sevilla, die heimliche Hauptstadt

Die Stadt, für die nicht nur Spanien pflügt und Frankreich sät, sondern auch Sizilien mäht (Luis de Gongora).

Durch den Fortgang der überseeischen Entwicklung war neben dem Verwaltungs- und Kulturzentrum Granada die Hafenstadt am unteren Guadalquivir, Sevilla, zum Nutznießer des importierten Reichtums geworden. Schon seit dem 13. Jahrhundert war die ehemalige Hauptstadt der Almohaden, die dann vorübergehend Hauptstadt des kastilischen Königreichs war, Hauptsitz des ausländischen Kapitals geworden, vor allem des italienischen. Als die Katholischen Majestäten 1503 nach dem Vorbild des »Consulado de Burgos« in Sevilla die Casa de la Contratación de las Indias, das heutige Archivio de Las Indias, einrichteten, begann die neue Sternstunde der Stadt. Diese einzige, für alle die Neue Welt betreffenden Handelsunternehmungen zuständige Handelskammer veränderte über Nacht Gesicht und Schicksal des schon immer geschäftigen und quirligen Sevilla.

Am besten geht dies aus der Bevölkerungsstatistik hervor. Die Inquisitionsgerichte hatten Tausende ehemals jüdischer Handelsfamilien ruiniert und die Stadt zum Teil entvölkert, so daß ein Zeitgenosse sie beschreiben konnte als »poco poblada, y casi en poder de las mujeres« (kaum bevölkert und weitgehend in der Hand der Frauen). 1525 betrug die Einwohnerzahl noch unter 30.000. Von 45.395 Einwohnern im Jahre 1530 stieg die Zahl auf 55.000 im Jahre 1534 und erreichte 1561 bereits über 100.000. Anfang des 17. Jahrhunderts wird die Zahl der Einwohner bereits mit 125.000 angegeben, ohne dabei die allein auf 25.000 bis 30.000 geschätzten ständig anwesenden Seeleute, Händler und anderes Volk ohne festen Wohnsitz einzurechnen. Damit war Sevilla um 1600 nach Neapel, das ja gleichfalls zur spanischen Krone gehörte, die zweitgrößte Stadt des Abendlandes. Große Ausländerkolonien – Deutsche, Niederländer, vor allem aber Kantabrier, Basken und Italiener – verwandelten Sevilla in eine kosmopolitische Großstadt, in der der Austausch von Waren, Zahlungsmitteln und Ideen eine neue typisch andalusische Mischkultur entstehen ließ. Die bereits gegen Ende des 15. Jahrhunderts

Sevilla, Casa de la Contratacion

Sevilla, Hospital de la Caridad

gegründeten zahlreichen Kollegs und Fachschulen sowie fast hundert Klöster im Stadtbereich verwandeln Sevilla auch in eine Metropole des Geistes.

Der berühmte Ausspruch »Verlange in Sevilla Taubenmilch und du wirst sie bekommen« umschreibt treffend die Erfindungskunst der Sevillaner. Die Stadt besaß auch das größte Gefängnis Spaniens für die üblichen Delinquenten wie Diebe, Betrüger, Mörder oder Steuerhinterzieher. Auch Cervantes bezog dort unfreiwillig einige Monate Quartier wegen angeblicher Veruntreuung von Staatsgeldern. Doch saßen im Sevillaner Gefängnis keine religiösen »Straftäter«. Die sonst so strenge katholische Kirche zeigte sich nach ihrem anfänglichen Wüten zu Beginn des 16. Jahrhunderts in diesem kosmopolitischen Schmelztiegel nun auffallend unspanisch tolerant. Vorchristliche Bräuche und Sitten wurden mit einem christlichem Mäntelchen verhüllt und so in den Schoß der Kirche zurückgeführt. Religiöse Feste wie die Semana Santa muten noch heute recht bizarr an mit ihrer Mischung aus heidnischen und christlichen Traditionen. Sevilla wurde zum Babel Spaniens, eine Stadt der tausend Möglichkeiten, in der steile Karrieren und Bankrott, ungeahnte Vermögen und Bettelei, tiefste Volksfrömmigkeit und ausgelassenste Leichtlebigkeit, dörfliche Idylle und grandiose Paläste unmittelbar nebeneinander existieren. Kurz, die Hauptstadt Andalusiens ist eine Stadt, die alle Sinne beansprucht, selbst zum Mythos wird und den Hintergrund stellt für Mythen der Neuzeit, den pfiffigen Kleinbürger, den grenzenlos unmoralischen Verführer, die leidenschaftliche Totalfrau – für den Barbier, Don Juan und Carmen.

Verlagerung des politischen Schwerpunkts nach Madrid, Auslandskonkurrenz in der Neuen Welt, zwei verheerende Pestepidemien und die Vergabe des Amerika-Monopols nach Cadiz markieren dann die Stationen des Niedergangs. Zwischen Aufstieg im frühen 16. Jahrhundert und Niedergang im 17. Jahrhundert liegt das Goldene Zeitalter Sevillas, das auch das Goldene Zeitalter Spaniens ist und das uns heute am eindrucksvollsten in jenen Schätzen und Kunstwerken vor Augen tritt, die Sevillas geniale Meister damals geschaffen haben.

Granada, Chancelleria

Streiflichter zur andalusischen Kunst von 1500 bis 1700

Die zwei Wege

Seitdem im späten 16. Jahrhundert ein italienischer Kunstkritiker das Verdikt vom »spanischen Ungeschmack« in die Welt gesetzt hat, blieb etwas hängen von dieser Einschätzung der spanischen Kunst, zumindest im Bereich von Architektur und Skulptur, und hier wiederum bevorzugt für den Bereich der sakralen Kunst. Am besten läßt sich dies exemplarisch am Fall Granada zeigen. Die kastilische Kunst des 15. Jahrhunderts war die der späten Gotik. Ihre Vorbilder in Architektur und Skulptur fanden sich fast alle in Frankreich, das auch zahlreiche Meister stellte. Spanische Besonderheiten gegen Ende des Jahrhunderts werden zusammengefaßt im Begriff »Isabellinischer Stil«. Im Bereich der Tafelmalerei war der Einfluß der flämisch-niederländischen Schulen bestimmend – kein Wunder, denn zwischen 1480 und 1500 hatte der direkte (Woll-) Handel zwischen Kastilien und Flandern seinen absoluten Höhepunkt erreicht.

Das Sendungsbewußtsein der Katholischen Majestäten beschränkte sich ja nicht bloß auf die Reconquista der ehemals maurischen Teile der Iberischen Halbinsel, sondern auch auf die Wiedereinsetzung des katholischen Glaubens als dem allein seligmachenden Bekenntnis. Und die Demonstration dieses Glaubens in seinen Bauten konnte demnach nur in der vertrauten Form der späten Gotik erfolgen. So ist es einleuchtend, daß für den Neubau einer christlichen Kathedrale in Granada an der Stelle der moslemischen Freitagsmoschee nur ein gotischer Bau in Frage kommen konnte. Gleiches galt für den angeschlossenen und vorgezogenen Bau der Grablege der Katholischen Majestäten in der Capilla Real. Als Architekt wurde der damals leitende Meister der Kathedrale von Toledo, der angesehene Enrique Egas, berufen. Doch inzwischen war in den kastilischen Universitäten und Priesterkollegs der europäische Humanismus eingezogen, speziell der erasmischer Prägung. Durch die engen politischen wie handelsbedingten Beziehungen zu Genua und Neapel ergaben sich Kontakte zwischen italienischen und kastilischen Künstlern im Hinblick auf die ihrem Höhepunkt zustrebende italienische Renaissance. Die zwei Möglichkeiten der Adaption von Hochrenaissanceformen, nämlich die Beschäftigung italienischer Künstler einerseits und die Ausbildung begabter spanischer Künstler in Italien andererseits, wurden gleichzeitig genutzt. Nach dem Tode

Isabellas hatte sich der Geschmack gewandelt. Gotik war »out«, Renaissance war »in«. Für den Bau des für ihn selbst und Isabella bestimmten Grabmals berief Ferdinand den durch das Grabmal des verstorbenen Infanten Juan in Avila bekanntgewordenen Domenico Fancelli aus Settignano in der Toskana. Der Marquese von Cenete holte 1510 den Genueser Michele Carlone für seinen Palast La Calahorra. Unter dem jungen Regenten und späteren Kaiser *Karl V.* verschärfte sich die Situation, denn für den neuen Römischen Kaiser kam als repräsentative Kunst nur jene an den Vorbildern der römischen Antike geschulte der Renaissance in Frage. Weitere in Andalusien wirkende Italiener waren Jacobo Fiorentino el Indaco d.Ä., Nicolo da Costa, Francesco Florentin und Pietro Torrigiani.

Granada, Palast Karls V.

Spanische Künstler, die zeitweilig in Italien gelernt und gearbeitet hatten und deshalb *romanistas* genannt wurden, dann in ihr Heimatland zurückgekehrt waren, um dort mit Aufträgen überhäuft zu werden, waren u.a. Alonzo Berruguete (Maler, in Urbino tätig), Lorenzo Vazquez (Maler, in Bologna tätig), Bartolomé Ordoñez (in Genua und Neapel beschäftigt), Pedro Machuca (Michelangelo-Schüler), Francisco del Castillo (in Rom in der Villa Giuliana tätig zusammen mit Vasari, Vignola und Ammanati) und Diego de Siloe (Mitarbeiter von Ordoñez in Barcelona, Genua und Neapel). Fünf dieser renommierten *romanistas* wurden in Granada an bevorzugten Stellen beschäftigt: Berruguete (Capilla Real), Machuca (Palast Karls V.), Ordoñez (Grabmal von Johanna der Wahnsinnigen und Philipp dem Schönen, Capilla Real), Diego de Siloe (S. Jeronimo, Kathedrale) und del Castillo (Chancelleria).

Diese strengen Anhänger der Verwirklichung rein italienischer Vorstellungen der Hochrenaissance und des Manierismus waren, sieht man von der Grabmalskunst (Ordoñez) und dem Sonderfall Diego de Siloe ab, fast ausschließlich im Bereich der Profanbaukunst tätig. Ihre Auftraggeber und Mäzene waren allesamt Angehörige des Hochadels, also Laien. Allein im Bereich der Profanarchitektur kam es in Andalusien daher zu bemerkenswerten Schöpfungen der Renaissance. Mit Beispielen dafür ist das Land reich gesegnet. Ich nenne nur die Paläste der Städte Baeza und Ubeda, die Universitätsgebäude in Granada, Baeza und Osuna, die Hospitäler in Sevilla (Hospital de la Sangre), Granada (Hospital Real) und Ubeda (Hospital de Santiago), die Verwaltungsgebäude Casa de la Contratación (Sevilla) und La Chancelleria (Granada). Ab der Jahrhundertmitte gewannen die italienischen Traktatisten großen Einfluß, vor allem Vignola, Serlio, Palladio und Scamozzi.

Nicht zu verschweigen sei in diesem Zusammenhang der Profanbaukunst das Fortleben der Mudejarkunst. Dabei kam es bis zum Ende des 16. Jahrhunderts zu ganz glücklichen Verschwisterungen zwischen der vorausgehenden maurischen Kunst und der neuen der Renaissance. Paradebeispiele dafür sind in Sevilla der Alcazar, die Casa de Pilato und der Palacio de la Condesa de Lebrija, in Granada die Casa del Castril und die Casa de los Pisas. Es ist erstaunlich, wie problemlos die beiden Möglichkeiten miteinander und nebeneinander auskommen. Ganz anders stellt sich das Bild dar, betrachtet man ausschließlich die Sakralkunst.

Die Geburt des Barock oder der Fall Diego de Siloe

Der junge Diego de Siloe wuchs im Umfeld der gotischen Bauhütte der Kathedrale von Burgos auf, wo Meister wie sein Vater Gil de Hontarion aus Flandern, Simon von Köln, Philippe de Begarney aus Burgund und Andres de Najera ganz im Stil der späten internationalen Gotik tätig waren. Seine Zusammenarbeit mit dem hochangesehenen Bartolomé Ordoñez, einem absoluten Vertreter der strengen italienischen Form, in Kastilien, Barcelona, Genua und Neapel (1515-1519), sein Marmoraltar in S. Giovanni de Carbonara (Neapel) und die nach seiner Rückkehr aus Italien in Burgos gefertigte Goldene Treppe der Kathedrale ließen ihn in den Augen seiner zeitgenössischen Auftraggeber ebenfalls als ein *romanista* erscheinen. Sein erster Auftrag in Granada bestand 1528 in der Fortführung der Bauarbeiten von S. Jeronimo, wo der gerade verstorbene Chefbaumeister Jacobo Florentino el Indaco, ein Mitschüler Michelangelos bei Ghirlandaio, verantwortlich zeichnete. Den Domkapituralen von Granada – auch sie wollten »modern« sein – erschien ihr lange zuvor auserwählter Baumeister Egas inzwischen als zu altmodisch-gotisch, so daß sie ihn kurzerhand durch den neuen Stern am Himmel Andalusiens ersetzten: Diego de Siloe.

Dieser wurde von Stund an zum begehrtesten, angesehensten und somit tonangebenden Meister. Spanischen Kunsthistorikern gilt er allgemein als der bedeutendste Vertreter der Renaissance in Andalusien. Diese Einschätzung ist jedoch völlig falsch. Der einzige, der bislang – wenn auch ohne viel Gehör zu finden – die eigentliche Natur Diego de Siloes erkannt und richtig eingeschätzt hat, war der Altmeister der granadinischen Kunstgeschichte, Manuel Gomez-Moreno. Er schreibt: »Siloe ist kein italienisierender wie Ordoñez und Machuca, wie Fernando und Luis de Vargas, er ist bereits ein barocker [Künstler].« Wer immer sich mit dem Oeuvre de Siloes kritisch auseinandergesetzt hat, muß dies zugeben. Seine bildhauerische Stärke lag im Relief. In seiner malerischen Behandlung der Oberfläche und der rahmensprengenden Anordnung seiner Einzelfiguren hat er etwas von der Monumentalität eines Jacopo del la Quercia und ein wenig von der Terribilitá eines Michelangelo, so am Altar der Caraccioli-Kapelle sowie an der Goldenen Treppe und am Sockel des Grabmonumentes

Ubeda, El Salvador

Granada, Kathedrale

Ubeda, Palacio de las Cadenas

des Bischofs Acuña in der Kathedrale von Burgos. Schon in seinem bekannten Frühwerk wie Johannes dem Täufer und dem heiligen Sebastian vom Caraccioli-Altar, aber auch bei der Beweinungsgruppe in der Capilla del Condestable in Burgos versteht de Siloe anatomisches Wissen der Renaissance mit dem expressiven Realismus der Spätgotik auf emotionale Wirkung hin zu vereinen. Wüßte man nicht genau von wem und wann die Eccehomos von Burgos und Dueñas geschaffen wurden, würde man diese Skulpturen bedenkenlos hundert Jahre später datieren. De Siloes Johannes der Täufer vom Chorgestühl von S. Benito (heute im Museo de Valladolid) und sein heiliger Hieronimus vom Petersaltar der Capilla del Condestable in Burgos könnten Ribera als Vorlage gedient haben. Sogar Bernini hätte seine Freude gehabt an der Vorhanginszenierung am Hauptaltar von

S. Salvador in Ubeda. In seiner Absicht religiös emotionale Ausdruckswerte zu schaffen, wird er noch sekundiert vom toskanischen Wanderkünstler Pietro Torrigiani. Spätere Barockbildhauer wie Juan de Mesa, Montañes, Pedro Roldan und Alonso Cano fanden bereits in Diego de Siloes Werk ihr Musterbuch.

Vor allem gilt de Siloe als der große Meisterarchitekt seines Jahrhunderts. Tatsächlich stammen von ihm oder entstanden unter seiner Mitarbeit die großen Kathedralen und Kirchen von Granada, Malaga, Ubeda und Guadix. Selbst die als Meisterwerk der spanischen Renaissance gerühmte Kathedrale von Jaén ist ohne das Vorbild de Siloes nicht vorstellbar. Doch hier ist Vorsicht geboten. Schon an der Goldenen Treppe und dem Petrusaltar von Burgos hatte sich de Siloe offen gezeigt für den typisch spanischen horror vacui. Dasselbe gilt für seine Portale. Auch in der Architektur wird also der Wille erkennbar, nicht den klassischen italienischen Vorbildern zu folgen, sondern einen eigenen Weg einzuschlagen. Der Kirchenraum selbst bleibt dem Mittelalter, der Gotik verpflichtet, wobei Guadix eine Ausnahme bildet. Das Formenrepertoir dagegen wird mit Renaissancedetails aktualisiert. Dabei entstehen ganz seltsame hybride Ungetüme, die dem Puristen der klassischen Kunst Kopfschmerzen bereiten und das Verdikt des »spanischen Ungeschmacks« geradezu provozieren. De Siloes Verdienst liegt also weniger in den von ihm geschaffenen konkreten Kunstwerken als vielmehr darin, daß er durch den mutigen Schritt, Vorstellungen des späten Mittelalters und der Renaissance zu vereinen, den Weg freigemacht hat für eine neue, barocke Auffassung des Kirchenraums als eines Kultraums und nicht als eines ästhetischen Monuments. Die Abnabelung des spanischen Kirchenbaus vom italienischen Vorbild zur Gewinnung einer nationalen, dem Empfinden der einheimischen Frömmigkeit entsprechenden Kultarchitektur antizipiert bereits den Geist der Gegenreformation.

Diego de Siloe ist somit in seiner Skulptur direkter und in seiner Architektur mittelbarer Urahn des europäischen Barock. Und diese barocke Welt ist neben dem maurischen das bestimmende Element Andalusiens geblieben.

Die »Schule« von Sevilla

Im streng kunsthistorischen Verständnis ist der Schulbegriff hier mißbraucht. Tatsache ist, daß im 17. Jahrhundert aus dem Umfeld der Sevillaner Malerei ein Dreigestirn großer Meister erwachsen ist, die zu den größten Malern ihres Jahrhunderts zählen: Diego Velazquez, Francisco de Zurbarán und Bartolomé Esteban Murillo. Malweise und Auffassung dieser drei Ausnahmekünstler sind jedoch so grundverschieden, daß als Gemeinsamkeiten nur Ort und Schaffenszeit gelten können, ähnlich wie bei Rembrandt, Rubens und Vermeer.

Der Anfang dieses Meeres von Künstlern, in dem die drei obengenannten Maler wie Kontinente auftauchen, ist paradigmatisch für die Kunstsituation im Spanien des 16. Jahrhunderts. Der erste dabei nennenswerte Maler ist Alejo Fernandez. Der ab dem Ende des 15. Jahrhunderts in Cordoba, seit 1508 in Sevilla tätige Künstler stammt aus deutschen Landen und vertritt noch recht entschieden die nordalpine Malerei seiner Zeit. Der erste 1505 in Sevilla geborene Maler von Rang, Luis de Vargas, ging im Alter von 21 Jahren zu Studienzwecken nach Rom, wo er blieb und 1567 starb. Sein zwölfjähriger Aufenthalt in seiner Geburtsstadt reichte nicht aus, um seinem malenden Umfeld entscheidende Impulse zu vermitteln. Ein anderer Ausländer, Pedro de Campana, 1503 in Brüssel geboren, ab 1529 in Bologna und seit 1557 in Sevilla tätig, wird der wichtigste Vermittler der italienischen Malerei des Manierismus in Andalusien. Der vermutlich 1564 in Ronda geborene und seit 1590 in Sevilla nachweisbare Alonso Vazquez vertritt mit seinen qualitätvollen Bildern das Fortleben des italienischen Manierismus.

Alle bekannten Bildwerke der genannten Maler sind kirchliche Auftragskunst mit entsprechend religiösen Themen. Stilleben, Landschaft, Akt, Genrebild oder Allegorie sind nicht überliefert. Doch auch hier stellen wir wie im Falle von Granada eine Aufspaltung der Malerei fest. Kaiser Karl V. hatte sich die Crême der italienischen Künstler an seinen Hof geholt, hatte Tizian zum Hofmaler ernannt und Paolo Caliari (Veronese), Jacobo Robusti (Tintoretto) und andere führende Venezianer seiner unmittelbaren Umgebung würdig empfunden. Doch diese Werke blieben beschränkt auf den palatinischen Umkreis.

Sevilla, Museum der Schönen Künste, Murillo-Wand

Das änderte sich, als Francisco Pacheco (1564-1644), der eigentliche Ahnherr der Sevillaner Malerei und Lehrer von Velazquez, 1510/11 eine Studienreise nach Kastilien unternahm und dabei den Escorial besuchte, wo er auf kleinstem Raum die besten Stücke venezianischer Malerei kennenlernte. Pacheco wird später auch noch gleichsam zum Vasari der andalusischen Kunst, indem er mit seinem *Libro de descripcion de verdadores retrados de ilustres y memorables varones* die erste Geschichte der jüngeren Sevillaner Kunst verfaßte. Velazquez ging 1623 nach Madrid, wo er blieb und bald zum Hofmaler avancierte, immer in nächster Nähe der großen Meister Tizian, Veronese, usw. Auf Anraten von Velazquez begab sich 1634 auch Zurbarán nach Madrid, wo er aber nicht wie er hoffte Fuß fassen konnte. Obwohl Philipp IV. Zurbarán als »Maler der Könige und König der Maler« betitelte, blieb es allein Velazquez vergönnt, den Rang des Hofmalers zu bekleiden. Für Zurbarán und Murillo blieben Kirchen und Klöster die wichtigsten Auftraggeber. Immerhin hat Zurbaráns Visite in der spanischen Hauptstadt ausgereicht, um seine Malweise zu verändern, um seine Palette aufzufrischen.

Velazquez, der König unter den Großen des 17. Jahrhunderts, ist in Andalusien nicht repräsentativ vertreten. Zurbarán hingegen kann in Museen, Sammlungen und Kirchen eingehend studiert werden, vor allem in Cadiz und Sevilla. Er, der seit dem 19. Jahrhundert von der französischen Romantik mit dem falschen Etikett eines blutleeren »Mönchsmalers« versehen wurde, verdiente längst eine Rehabilitierung durch die Kunstgeschichte. Seinen spanischen Zeitgenossen galt er als der größte unter den Malern. Wie sehr ihn Velazquez trotz seiner grundverschiedenen Malweise schätzte, geht schon daraus hervor, daß er ihn nach Madrid an den Hof holen wollte. Zurbaráns kleinteilige, detailfreudige Malerei wird bestimmt vom kleinen Pinsel, sozusagen von der Zeichnung, was seine malerischen Fähigkeiten durchaus nicht einengte. Seine Weißhöhungen sind von transparenter aber dichter Lichtfülle, sein Kontur ist immer präzis und meißelt exakte Formen aus dem Tenebroso des Hintergrundes, seine Gesichter sind tiefgeschaute Seelenlandschaften wo die Farbe entschieden auftritt, eignet ihr makellose Strahlkraft von altflämischer Intensität und die mit Hingabe gemalten Details beweisen seine Verwandschaft zu Van Eyck und Roger van der Weyden. Es lohnt sich schon, Zurbarán neu zu entdecken.

Bartolomé Esteban Murillo dagegen war Nutznießer der allgemeinen Situation in doppelter Hinsicht. Zum einen konnte er auf große nationale Vorbilder wie Velazquez und Zurbarán zurückblicken. Sein »San Diego gibt den Armen zu essen« in der Real Academia de San Fernando in Madrid zeigt ihn noch ganz beeinflußt von Velazquez. Gegen 1650 wird sich, unter welchem Einfluß auch immer, seine eigene Malweise festigen. Das im Hochbarock bestimmende dunkelgrundige Malschema wurde zum Teil aufgegeben, der Duktus lockerer. Mit seiner aufgehellten Palette und der flockig-wattigen Maniera traf er den gewandelten Geschmack. Seine Bilder und die barocke Kunst Andalusiens im allgemeinen wurden umgänglicher, undoktrinärer und volkstümlicher. Die Situation verbesserte sich für den Künstler insofern, als die kirchlichen Auftraggeber ihre Gängelung der Kunst im Sinne der Gegenreformation nun weniger streng handhabten. Die niedlichen Gassenjungen von Murillos Bildern und seine luftig entschwebenden Madonnen auf putzigen Puttowolken trafen und treffen das Herz der Bevölkerung. Das Spektrum der zeitgenössischen Malerei rundet sich ab, nennt man weitere durchaus beachtliche Namen wie Herrera der Jüngere, Valdes Leal oder Alonso Cano.

Der ursprünglich schwere aristokratische Barock wurde mit der Zeit volkstümlich, das heißt vom geplagten Volk als »seine« Kunst angenommen. Barock ist bis

heute das Lebensgefühl der Andalusier, sei es bei Prozessionen, öffentlichen Messen oder Predigten, sei es bei Volksfesten oder privaten Feiern, sei es in der Gestaltung der Innenhöfe oder im Blumenschmuck der Balkone, Fenster, Prozessionswägen oder den Pasos der Karwoche – alles in Andalusien ist barockes Welttheater: »Es ist nicht verwunderlich, daß der von der herrschenden Klasse geschaffene barocke Stil, der mit seinen verschnörkelten Formen dem Leben einen heiteren Sinn verleiht, vom Volk als der Gipfel des Raffinements angesehen wurde und großen Anklang fand, sozusagen als das non plus ultra des guten Geschmacks. Im Gegensatz zu der kalten aristokratischen Geziertheit gegen Ende des 16. Jhs. wurde der Barock zum Volksstil. Hier wurde der Triumph der Gegenreformation und das Überleben der Gesellschaft des alten Reiches verewigt.« (Bonet Correa).

Eben dies ist das Schöne in Andalusien, an Städten wie Sevilla, Carmona oder Ecija. Dort entstand und lebt noch heute eine Form des Barock, die völlig undogmatisch, ganz lebensfroh und landeseigen ist. Und auch das maurische Erbe mußte nicht draußen bleiben. Die alte maurische Kunst der Azulejos zog ein in Klosterhöfe und Oratorien, grüßt von Kirchtürmen und gab den Anstoß für Konkurrenzkuppeln im Innenraum. Denn was sind die Kuppeln der Camarins von S. Mateo in Lucena, der Virgen de la Victoria in Malaga oder der Virgen del Rosario in Granada anderes als Nachschöpfungen der Kuppeln der Alhambra? Die maurische Kunst, bzw. ihr Erbe in Al-Andalus, war selbst durch die siegreiche Gegenreformation nicht ganz auszulöschen.

Francico de Zurbarán, Die Hl. Jungfrau von Las Cuevas

Weniger glorreiche Zeiten

Don Quijote fällt aus seinen Träumen oder der vorprogrammierte Niedergang.

Wer ist oder war Don Quijote? Zunächst ist der »Ritter von der traurigen Gestalt« die Titelfigur des ersten europäischen Prosaromans von internationaler Wirkung, also eine literarische Erfindung. Doch Don Quijote hat wirklich gelebt. Don Quijote ist Miguel de Cervantes Saavedra selbst. Er ist die literarische Personifikation der kritischen Bestandsaufnahme und Abrechnung mit Cervantes' bewegtem, aber gescheitertem Leben. Er ist die Abrechnung mit einem falschen Ideal vom Hidalgo, das ihn ruinierte. Dieses Traumbild, das an der Realität scheitert, ist aber nicht nur seines, das des Hidalgo Cervantes, es ist das seit der Reconquista in Spanien geltende und in bestimmten weiten Kreisen bis heute nicht aufgegebene Ideal.

Cervantes Vater, von niederem Adel, war durch unglückliche Umstände und, wie Miguel behauptet, ungerechterweise in schwere Verschuldung geraten. Der Versuch, sich von der bedrohlichen Schuldenlast zu befreien, zwang den Vater zu zahlreichen leider erfolglosen Unternehmungen und Ortswechseln, womit Miguels Zigeunerleben begann. Der junge, unternehmungslustige Miguel beschloß zur Rettung seiner Familie beizutragen. Der einzige Weg dazu bestand für Mittellose in einer erfolgreichen militärischen Karriere, im Kampf gegen die Ungläubigen. Cervantes meldete sich also freiwillig zum Kampf gegen die türkischen Osmanen. Die Seeschlacht von Lepanto wird ein großer Sieg der Christenheit, Cervantes aber verlor dabei einen Arm. Als Kriegsinvalide der siegreichen Armee hoffte Cervantes nun auf Ehrungen und einen einträglichen Regierungsjob. Philipp II. aber hielt sich bedeckt. Miguel meldete sich erneut zu kriegerischen Unternehmungen im Mittelmeer und geriet in mehrjährige muselmanische Gefangenschaft. Nach seiner Freikaufung wurde er Königlicher Steuereintreiber für die Finanzierung des großen Unternehmens gegen England. Die angeblich unbesiegbare spanische Armada erlebte ihr Fiasko und Cervantes geriet in einen Finanzskandal. Von den von seiner Tätigkeit als Steuereintreiber Betroffenen wurde ihm Veruntreuung von Staatsgeldern vorgeworfen und er landete im Gefängnis von Sevilla. Zwar konnte er seine Unschuld beweisen, doch die vom König erwartete Nachzahlung seines Gehalts fiel kläglich aus. Das Staatssäckel war leer. Im Gefängnis von Sevilla hatte Cervantes Zeit

Don Quijote von Daumier

gehabt, über seine vier gescheiterten Anläufe nachzudenken, als Adeliger eine Pfründe und bequeme Rente als Hidalgo zu ergattern. Er dachte aber auch über das System nach, dessen Schwächen er nun als für Spanien tödlich erkannte. Seine persönliche Tragik ist Teil der spanischen Tragödie. Der Plan zum Don Quijote reifte in seinem Kopf: eine desillusionierende Abrechnung mit dem Ideal des Hidalgo, ausgestattet mit autobiographischen Zügen, aber auch eine Satire auf die spanische Rittergesellschaft.

Worin lag nun die Tragödie Spaniens? Durch eine gezielte und folgenreiche politische Heirat war Spanien zur Weltmacht und durch die in letzter Minute protegierte Entdeckungsfahrt eines mittellosen Genuesen zur ersten Kolonialmacht geworden. Der in den Schoß gefallene politische und wirtschaftliche Erfolg machte blind für die Realität und die notwendigen strukturellen Reformen, die erst im 19. Jahrhundert und auch dann nur in den Nordprovinzen Spaniens vollzogen wurden.

Der vermeintliche Koloß war aber ein solcher auf tönernden Füßen. Der politisch-militärische Zerfall war vorprogrammiert. Als europäischer Bündnispartner des habsburgischen Kaiserreiches, als Bollwerk der Gegenreformation und zugleich als Vorkämpfer gegen den stets bedrohlichen Islam war Spanien überfordert. Spaniens Söhne verbluteten auf den Schlachtfeldern in Frankreich und in den Niederlanden, in Deutschland und Italien, auf dem Balkan und auf den Weltmeeren. Spanien war mit einer Art Reconquista in Europa und Übersee restlos überfordert. Die Niederlage der Armada, die Loslösung der Niederlande, die Verluste in den Pyrenäen-Kriegen bis zur Eroberung von Gibraltar durch die Engländer, die Vernachlässigung des systematischen Ausbaus der amerikanischen Kolonien sind alles Ausdruck des spanischen Hochmuts, einer selbstverordneten und geglaubten Mission. Mit dem siegreichen Schwert des Conquistadors aber ließen sich die Probleme Spaniens, Europas und der Neuen Welt nicht mehr lösen, vor allem nicht die wirtschaftlichen. Aber solange die schwer mit Silber beladenen Schiffe aus Amerika in Sevilla und später in Cadiz einliefen, gab es ja scheinbar keinen Grund, etwas zu ändern.

Getreideernte

Doch die wirtschaftliche Blüte war nicht Ergebnis einer geschickten Politik und ökonomisch wirkungsvoller Strukturen, sie war, wie wir heute sagen würden, fremdkonjunkturell bedingt. Die Anfänge dieser Misere gehen bis in die Zeit der Einigung Spaniens unter den Katholischen Majestäten zurück, wobei im wesentlichen drei Faktoren eine Rolle spielten: erstens eine falsche Wirtschaftsreform, zweitens eine fatale Bevölkerungspolitik und drittens die verhängnisvolle Rolle der Kirche. Hier ist nicht der Ort für eine detaillierte Darstellung der in der Fachliteratur hinlänglich beschriebenen spanischen Geschichte der Neuzeit, doch einige wesentliche Punkte müssen erwähnt werden.

1. Zur Wirtschaftsreform:

Die von Ferdinand und Isabella durchgesetzten Reformen dienten zwar der Stärkung der Staatsmacht, diese aber war gleichzusetzen mit der Königsmacht. Die Reformen waren daher keineswegs neuzeitlich und wirtschaftlich durchdacht. Die gravierendsten Fehlentscheidungen im wirtschaftlichen Bereich heißen:

Zentralisierung, Protektionismus, Favorisierung der Schafzucht, Benachteiligung der Ackerbauern, fehlende Kontrolle der Produktivität der Großgrundbesitzer, Untergrabung der politischen und wirtschaftlichen Autonomie der Städte. Zwei Beispiele mögen genügen: Die andalusischen Städte waren fest in der Hand der das umliegende Land besitzenden Schicht, die hier ihre Paläste hatte. Dies dürfte auch der Grund gewesen sein, warum sie sich 1520 nicht an der Comuneros-Bewegung beteiligten. Andalusische Städte leben nach dem Prinzip von »Palast und Hütte«. Das zweite Beispiel betrifft die Landwirtschaft. Ende des 16. Jahrhunderts zählte Andalusien rund 1.330.000 Einwohner. Von diesen lebten 850.000 allein im Guadalquivir-Becken. Zieht man davon die 125.000 Einwohner Sevillas und die der Hafenstädte ab, bleibt für das übrige West-Andalusien eine Bevölkerung von circa 700.000. Während dieser Teil der Bevölkerung also allein von der Landwirtschaft lebte, gehörte dennoch der überwiegende Teil des fruchtbaren Landes wenigen adeligen Großgrundbesitzern. Sofern sie nicht durch städtische Gewerbe oder Handwerk abgesichert war, und das waren höchstens zwanzig Prozent, war die Bevölkerung folglich abhängig vom Wohl und Wehe der Großgrundbesitzer. Die Situation verschlechterte sich im 16. Jahrhundert noch dadurch, daß die Erben vieler Geschäftsleute, die in Sevilla zu Geld gekommen waren, ihr Vermögen in Landsbesitz anlegten. Die Folge war eine Refeudalisierung. Noch ungünstiger war die Situation in Ost-Andalusien. Abgesehen vom Sonderfall Granada mit seiner fruchtbaren Vega wurde die Lage hier geradezu hoffnungslos. Almeria verarmte völlig. Landwirtschaftlichen Nutzen aus den neuen, aus Amerika eingeführten Produkten wie Tomaten, Kartoffeln, Mais und Tabak zieht die unflexible Latifundienwirtschaft kaum.

Fischer im Hafen von Tarifa

2. Zur Bevölkerungspolitik:
Kulminationspunkt war zunächst die Unterdrückung, dann die Vertreibung der Juden und Moriskos. Das den jüdischen Bewohnern gestellte Ultimatum vom 31. März 1492 lief mit einer viermonatigen Frist für die Entscheidung zwischen Taufe oder Auswanderung Ende Juli ab. Aber auch die (zwangsweise) getauften Juden verlieren 1517 ihre letzte Chance zu bleiben. Allein in Sevilla wurden durch die gründliche Arbeit der Inquisition bis 1525 fast 10.000 Juden besitz- und arbeitslos. Wer nicht durch Verurteilung und Enteignung Opfer der Inquisition wurde, wanderte aus. Die Stadt wurde so völlig entvölkert. Ähnlich stellte sich die Situation für den bevölkerungsstatistisch viel größeren Anteil der Moriskos dar. In den Kapitulationen, d.h. Verträgen von 1491 war den verbliebenen Mauren Religionsfreiheit zugesichert worden. Die anfänglich unter Erzbischof Talavera praktizierte moderate Missionspolitik sollte unter dem neuen bestimmenden Mann, Erzbischof Cisneros, jedoch eine krasse Wende erfahren. 1502 fanden die ersten Zwangstaufen statt. Die darauf folgenden Maurenaufstände lieferten die Gründe für noch rigorosere Maßnahmen. Unter Karl V. wurde dann vorübergehend wieder eine tolerantere Politik praktiziert und die Moriskos erhielten einen

erneuten Aufschub von vierzig Jahren. Karl V. brauchte nämlich die Einnahmen aus der sogenannten Moriskensteuer für den Bau seines Palastes auf der Alhambra. Unter Philipp II. erfolgte 1667, wieder unter dem Druck der Katholischen Kirche, die nächste harte Welle. Moriskenaufstände in den Alpujarras, deren blutige Niederschlagung, erneute Zwangstaufen und schließlich Auswanderung der letzten Mauren aus Andalusien – 1609 verließen rund eine halbe Million Moriskos das Land – beendeten schließen dieses letzte Kapitel der Geschichte der Mauren in Spanien. Für die andalusische Wirtschaft, vor allem in Handwerk und Handel sowie im Ackerbau bedeutete dies einen schweren Aderlaß.

Pflügender Bauer

3. Zur Kirche:
Die Rolle der Kirche war zwiespältig.
Man denkt zunächst an Intoleranz, Inquisition und Autodafés. Im Falle der Inquisition muß die Katholische Kirche allerdings insofern fairerweise in Schutz genommen werden, als sie zwar Erfinder und Urheber dieser Einrichtung war, ihre Einführung in Spanien aber auf ausdrücklichen Wunsch von Königin Isabella I. als Hilfsmaßnahme zur Kontrolle nur äußerlich konvertierter Juden erfolgte. Die spätere Haltung der Herrschenden gegenüber ihren andersgläubigen Untertanen jedoch wurde diktiert von kirchlichen Scharfmachern wie Kardinal Cisneros. Die Ausweisung der letzten Morisken unter Philipp III. im Jahr 1609 erfolgte sogar gegen den ausdrücklichen Protest des Adels und der Großgrundbesitzer.

Doch es gab noch eine andere spanische Kirche. Diese war die treibende Kraft der Reconquista, auch in Zeiten des Waffenstillstandes. Daher rührte ihre missionarische und kämpferische Natur. Unter den Katholischen Majestäten waren die Beziehungen zwischen Herrscherhaus und katholischer Kirche besonders eng. Allerdings, auch dies ist wichtig, hatten Ferdinand und Isabella für eine in Rechtsprechung, Ämterbesetzungen und allen das Reich betreffenden Verfügungen von der Kirche nie angefochtene starke Stellung des Königshauses gesorgt.

Der mächtigste Gegner von Königtum und Volk waren die adeligen Großgrundbesitzer. Die Kirche wandte sich dem Volk zu, das künftig ihr größtes Machtpotential darstellen sollte. Sie wurde zum Anwalt des Volkes gegen Not und Ausbeutung – daher auch die andere Entwicklung der kirchlichen im Vergleich zur höfischen Kunst. Mit großem Erfolg gelang es der katholischen Kirche, den starken matriarchalischen Neigungen des Volkes den Marienkult aufzupflanzen. Der spanische Katholizismus ist daher zum guten Teil Marianismus. Des weiteren hat die Kirche nie aufgehört, den Herrschenden wegen der Not, in der sich die Masse des Volkes befand, ins Gewissen zu reden. Aus ihren Kreisen, ab 1540 vor allem aus dem Jesuiten-Orden, kamen sozialistisch-christliche Denkanstöße für Boden- und Agrarreformen. Aus ihren Kreisen stammte auch ein Großteil der Intellektuellen, die die spanische Philosophie und Literatur bestimmt haben wie Tirso de Molina, Luis de Gongora. Armen- und Krankenpflege schließlich war fast ausschließlich zur Domäne der kirchlichen Instanzen geworden, wenn man von einzelnen Stiftungen des Adels absieht. Bis zur Regierungszeit Philipps II., als das Königtum stark war, waren der Kirche in fast jeder Beziehung die Hände gebunden. Im 17., dem Katastrophenjahrhundert mit allein in Sevilla 60.000 Pesttoten (1649), einer schweren Wirtschaftskrise mit Börsenkrach, Bankrotten und Geldentwertung (1658) und der Abspaltung Portugals (1680) war die Kirche nicht mehr stark genug, allein die nötigen strukturellen Veränderungen durchzusetzen. Unter den schwachen Königen und später unter der aufgeklärten Bourbonenherrschaft aber hatte die Kirche nicht mehr die Kraft, für ihre Klientel, die Masse des Volkes, entschieden einzutreten. Die behutsam erwogenen Wirtschaftsreformen blieben humanistische Planspiele ohne konkrete Veränderungen zu bewirken. Als in den verwirrenden Kämpfen um eine Republik im 19. Jahrhundert die Kirche letztlich auf die Seite der Starken wechselte, besaß das Volk keinen Fürsprecher mehr und stand nun allein da gegen alle dominierenden Gewalten im Staat. Nach dieser Bankrotterklärung und der Rolle, die sie bei Francos Putsch sowie im Bürgerkrieg von 1936 bis 1939 spielte, kann die heutige Kirche bei der Bevölkerung nur wieder schwer Boden gewinnen. Aber immerhin waren es die Jesuiten gewesen, die der Masse der Landarbeiter die Utopie einer Landreform geliefert haben. Die Forderung nach einer solchen stand hinter allen Reform- und Revolutionsversuchen in Spanien seit dem 18. Jahrhundert.

Das nach-napoleonische Spanien in Daten

Sowohl der hier gebotenen Kürze als auch der besseren Überschaubarkeit des Ablaufs wegen sei im folgenden eine tabellarische Übersicht über die wichtigsten Phasen und Ereignisse auf dem Weg Spaniens von der absoluten zur konstitutionellen Monarchie gegeben:

1808	Einmarsch napoleonischer Truppen und Beginn des Spanischen Unabhängigkeitskrieges.
1810	Verlust der südamerikanischen Kolonien.
1812	Die Cortes von Cadiz verkünden die erste bürgerlich-liberale Verfassung.
1814	Rückkehr von Ferdinand VII.; Beginn der Restaurationsepoche.
1834	Einführung einer gemäßigten liberalen Verfassung; Beginn der Karlistenkriege. Wegen der entschädigungslosen Enteignung kirchlicher Güter verbindet sich die katholische Kirche mit den reaktionären Kräften und wird dadurch zum Feind der besitzlosen Masse des Volkes, das sich nun weltlichen Gesellschaftsideologien zuwendet.
1834-1839	Erster Karlistenkrieg.
1847-1849	Zweiter Karlistenkrieg.
1872-1888	Dritter Karlistenkrieg.
1874	Gründung der ersten Republik, die nur elf Monate besteht.
1876	Neue Verfassung mit Versammlungs- und Pressefreiheit.
1879/88	Die spanische Sozialistische Arbeiterpartei und die Allgemeine Arbeiterpartei werden gegründet.
1898	Spanisch-amerikanischer Krieg; Verlust der letzten mittelamerikanischen Kolonien.
1910-1912	Zunehmende Auswanderungswellen nach Amerika.
1923	Auflösung des Parlaments und Militärdirektorium unter General Primo de Rivera.
1931	Kommunalwahl mit Sieg der Republikaner; Zweite Republik mit neuer liberaler Verfassung; Trennung von Kirche und Staat; Versuch einer Agrarreform.
1933	Gründung der CEDA (Föderation der autonomen Rechten) und der Falange.

1936	Wahlsieg der Volksfront; Soziale Unruhen, Fabrikbesetzungen und Aufteilung des Großgrundbesitzes. Die Accion Catolica, die Jugendorganisation der katholischen Kirche, schließt sich den Falangisten an. Staatsstreich unter General Francisco Franco y Bahamonte.
1936-1939	Spanischer Bürgerkrieg. Ermordung von Blas Infante und Federico García Lorca. Der Krieg wird von beiden Seiten mit unvorstellbarer Grausamkeit geführt und fordert Millionen Tote.
1939	Beginn der Militärdiktatur Francos.
1953	Tauschgeschäft mit Amerika: Militärstützpunkte gegen Dollars. Im Laufe der fünfziger Jahre wird die Wirtschaftsdoktrin der Falangisten (Autarkiebestreben) aufgegeben. Die spanische Wirtschaft öffnet sich dem Welthandel.
ab 1960	Wirtschaftlicher Aufschwung, vor allem im kantabrischen und katalanischen Raum.
1969	Juan Carlos wird designierter Nachfolger Francos und zum König ernannt.
1975	Tod Francos.
1978	Neue demokratische Verfassung; Spanien wird konstutionelle Monarchie.
1981	Nach Rücktritt von Ministerpräsident Suarez letzter Putschversuch.
1982	Felipe Gonzales wird Ministerpräsident. Spanien tritt der NATO bei.
1986	Beitritt zur EG.

Viel Tourismus und ein Sack voller Probleme

»Für uns, Señor, ist es ein verfluchtes Land«. Diese Anfang der sechziger Jahre von einem Wirt in Sorbas erteilte Antwort auf den Lobpreis, den der Journalist Goytisolo auf die Schönheit des Landes gerade anstimmte, mußte erschrecken. Doch der Ruf Andalusiens als Armenhaus Spaniens rechtfertigte diese bestürzende Bemerkung. Der spanische Philosoph Ortega y Gasset hat den Vorwurf der angeblich selbstverschuldeten Armut der Andalusier noch bekräftigt mit seiner heftig angegriffenen These vom andalusischen Minimalismus. Tatsächlich war der wirtschaftliche Rückstand Andalusiens unbestreitbar. Noch Mitte der achtziger Jahre lag das

Nerja

Prokopfeinkommen in Andalusien um 27 Prozent niedriger als im Landesdurchschnitt und die heute noch bei 25 Prozent liegende Arbeitslosenquote ist neben der der Extremadura die höchste Spaniens.

Doch die nach dem letzten Putschversuch der Guardia Civil im Jahr 1981 inzwischen gefestigte junge spanische Demokratie hat erhebliche, für manchen zu rasche Erfolge zu verzeichnen. Die andalusische Wirtschaft ist am erwachen. Die Zuwachsrate lag Ende der achtziger Jahre mit durchschnittlich 6 Prozent über dem Landesdurchschnitt und damit doppelt so hoch wie in den meisten anderen Ländern der EG. Bis 1982 sprudelten die wichtigsten spanischen Deviseneinnahmen aus drei Hauptquellen: aus Auslandsinvestitionen (Industrie, Immobilien), Gastarbeitereinkommen und Tourismus. Ab 1982 aber kehrten die meisten spanischen Gastarbeiter in ihre Heimat zurück und der Tourismus krankt.

Doch die Gesamtsituation hat sich drastisch geändert. 1990 waren von den Erwerbstätigen 15 Prozent in der Industrie, 56 Prozent im Dienstleistungssektor, 10 Prozent im Baugewerbe und nur noch 19 Prozent in Landwirtschaft und Fischerei beschäftigt. Vor allem das Baugewerbe hat durch den Boom in Zusammenhang mit der Expo '92 in Sevilla und durch den Straßenbau kräftig zugelegt. Milliarden an Staats- und EG-Zuschüssen helfen, das andalusische Verkehrsnetz auf mitteleuropäisches Niveau zu heben. Seine wirtschaftliche Zukunft sieht Andalusien jedoch vor allem in den Bereichen weiterverarbeitende Industrie, Landwirtschaft und Tourismus. Die weiterverarbeitende Industrie steckt allerdings noch in den Kinderschuhen. Umweltfreundliche Technologien und mittelständische Betriebe sollen bevorzugt bezuschußt werden.

Die Landwirtschaft ist nach wie vor das – allerdings entwicklungsfähige – Sorgenkind. Heute wohnen bereits zwei Fünftel der Gesamtbevölkerung Andalusiens in den vier Großstädten Sevilla, Malaga, Cordoba und Granada. Zwar hat die sozialistische Regierung unter dem Sevillaner Gonzales – sie baut auf die EG-Zugehörigkeit und ein allgemeines Wirtschaftswachstum – die sehnlich erwartete Landreform nicht durchsetzen können, aber die 1984 angeordnete, oder besser gesagt angedrohte teilweise Reform hat Bewegung in die erstarrten Fronten gebracht. Es gibt nun Gewerkschaften, die angemessene Löhne aushandeln, die Regierung selbst mildert mit Hilfe von Arbeitslosengeld die schlimmste Not und die Herren Großgrundbesitzer, die Señoritos, haben den Wink mit der Bodenreform für nicht oder unzureichend genutztes Land verstanden. Sie sind bereit, neue, ertragreichere Produkte anzubieten und einen Teil ihrer in der kantabrischen und katalanischen Industrie angelegten Gelder für notwendige Investitionen in die Region zurückfließen zu lassen. Musterbeispiele des neuen Aufbruchs sind die Provinzen Huelva und Almeria. Düster dagegen sind die Zukunftsaussichten für die riesigen Oliven-Monokulturen im Norden, vor allem in der Provinz Jaén, wo an die 150 Millionen Olivenbäume stehen, deren Erträge 25 Prozent des Welthandels entsprechen. Einerseits nämlich ist durch den Olivenöl-Skandal von 1980/81 das spanische Öl weltweit in Mißkredit geraten, und andererseits sind die Pflücklöhne zu sehr gestiegen. Alles in allem also sind Fortschritte unverkennbar, ob es aber zu dem angekündigten Landwirtschaftswunder, zum Entstehen des von der Regierung propagierten »Kalifornien Europas« kommen wird, bleibt abzuwarten. Zu gönnen wäre es den jahrhundertelang gebeutelten Andalusiern schon.

Bis 1985 war die wichtigste Devisenquelle der Tourismus, der Badetourismus. Mit der Costa del Sol, der Costa de la Luz und der Costa de Almeria hat Andalusien schließlich einige hundert Kilometer Sandstrand zu bieten. Seit Ende der achtziger Jahre ist die bis dahin blühende Fremdenverkehrsindustrie zum Sorgenkind geworden. Das vollständige Ausbleiben der englischen Gäste seit der Saison 1989 veranlaßte das Wochen-Magazin EPOCA zu einem aufrüttelnden Artikel. Als Gründe für die Probleme wurden aufgezählt: der ungesund hohe Wechselkurs der Peseta, Finanzschwäche der Kundschaft, vor allem der Engländer, die Konkurrenz durch andere Billiganbieter wie Portugal, Marokko, Jugoslawien, Griechenland, Türkei oder Tunesien, der miserable Service, die mangelhafte Verpflegung, die Zubetonierung der Küste sowie Umweltsünden und -skandale. Allein 1990 mußte die Umweltbehörde 33 Strände wegen akuter Gesundheitsgefahren sperren. Nur 137 von insgesamt 827 registrierten Badestränden durften die Blaue Fahne der EG-Behörden für sich beanspruchen. Der alte Slogan der sechziger Jahre: »Bueno, barrato y bonito« (gut, billig und schön) zieht nicht mehr. Die neue Devise heißt: Luxusurlaub und sanfter Tourismus. Ersteres dürfte bei den genannten Schäden und Mängeln nur schwer zu verwirklichen sein, und für den sanften Tourismus sollen die Nationalparks und Naturschutzgebiete werben. Ein interessantes Projekt in dieser Richtung wird ab 1992 für die Alpujarras in Angriff genommen.

Malaga

Andalusisches Kaleidoskop

Dichter und Analphabeten

Zwar klingt es wieder nach einer der publikumswirksamen Schablonen, in die man Andalusien gezwängt hat, doch hat es keinen Sinn dagegen anzugehen, weil dieses Etikett ausnahmsweise zutrifft: noch heute ist Andalusien die spanische Region mit der höchsten Rate an Analphabeten. Man spricht sogar von zehn Prozent der Bevölkerung. Andererseits besitzt die Region aber eine ausgeprägte Volkstradition mündlicher Überlieferungen, so daß es keineswegs ungewöhnlich ist, Leute, die nicht recht lesen und schreiben können, alte Sonette oder endlose Romanzen rezitieren zuhören. In der mündlichen Überlieferung von Volksliedern, Romanzen und *coplas* lebt Literatur so kräftig fort, daß es sogar heißt, jeder Andalusier wäre sein eigener Dichter.

Es mag stimmen, daß Spanien im allgemeinen und Andalusien im besonderen keinen nennenswerten Beitrag zur neuzeitlichen Architektur des Abendlands geleistet haben – zumindest nicht im Bereich der Sakralkunst, wo doch gelegentlich der bereits zitierte »spanische Ungeschmack« wuchert –, aber auf zwei Gebieten hat Andalusien Wesentliches zur europäischen Kultur beigetragen: im Bereich der Malerei (vgl. das Kapitel über die »Schule« von Sevilla) und in der Literatur.

Spanische Literaturgeschichte, und zwar religiöse Literatur, weltliche Lyrik, Dramatik, Prosadichtung und Geschichtsschreibung, von 1500 bis zu Lope de Vega ist schlechterdings andalusische Literaturgeschichte. Der Fülle der Autoren und Werke wegen seien die wichtigsten Namen und Etappen hier nur in lexikalischer Form verzeichnet:

Elio Antonio de Nebrija (* 1444 Lebrija bei Sevilla, † 1522 Alcala de Henares), gilt unbestritten als Ahnherr des spanischen Humanismus. 1492 veröffentlichte er die erste spanische Grammatik *Arte de la lengua castillana*. Von Kardinal Cisneros wurde er als Professor an die Universität von Alcala berufen.

Francisco Delicado (* Cordoba um 1488, † Venedig nach 1533) wurde 1492 mit seinen jüdischen Eltern zum Verlassen des Landes gezwungen. In Rom als Arzt tätig, verfaßte er dort wichtige medizinische Schriften. Nach dem Sacco di Roma zog er nach Venedig, wo er den noch in Rom entstandenen satirischen Roman *Retrado de la lozana andaluza* (Geschichte der schönen Andalusierin) veröffentlichte. Die *lozana andaluza* steht in direkter literarischer Nachfolge von Fernando de Rojas *Tragicomedia de Calisto y Melibea* (auch: *La Celestina*, 1499 und 1500). Es ist also die Fortentwicklung der satirischen Zeitkritik in Romanform. Außerdem veröffentlichte er in Venedig eine kommentierte Ausgabe des *Amadis*-Romans.

Diego Hurtado de Mendoza (* Granada 1503, † Madrid 1575), war der bedeutendste Humanist, Geschichtsschreiber und Dichter Andalusiens im 16. Jahrhundert. Als Chronist war er Verfasser von *La guerra de Granada* (Geschichte des Krieges um Granada). Er gilt als einer der möglichen Autoren des *Lazarillo von Tormes* (1554), des ersten großen europäischen Schelmenromans.

Fray Bartolomé de Las Casas (* Sevilla 1474, † Madrid 1566), Dominikanermönch, war Verfasser des ersten kritischen Berichts über die Untaten der spanischen Eroberer in Lateinamerika.

Lope de Rueda (* Sevilla um 1510, † Cordoba um 1565) war der Begründer der spanischen Wanderbühne nach italienischem Vorbild. Er war Schauspieler, Theaterdirektor und Stückeschreiber und gilt als der eigentliche Pionier der spanischen Bühnendichtung. Großen Einfluß übte er auf Lope de Vegas' *Comedia Nueva* und auf Cervantes aus, der in seiner ersten Sevillaner Zeit (1564) Nachbar Ruedas war.

San Juan de la Cruz (Heiliger Johannes vom Kreuz, * Vondiveras 1542, † Ubeda 1591) war der Erneuerer des spanischen Karmeliterordens, Mystiker und Dichter. Sein *Cantico espiritual* ist von großer poetischer Kraft.

Juan de la Cueva (* Sevilla um 1550, † Sevilla um 1610) war Jesuit und Stückeschreiber. In seinen Komödien wetterte er gegen den allgemeinen Sittenverfall im heimischen Sevilla. Seine *Comedia del infamador* (Der Mädchenschänder, 1581 erstmals in Sevilla aufgeführt) gilt als erste Bühnenfassung des Don-Juan-Motivs.

Luis de Gongora (* Cordoba 1560, † Cordoba 1627) wurde mit seinem Hauptwerk *Solidades* (1613) zum Begründer eines literarisch gehobenen Lyrikstils, dem sogenannten Gongorismus. Er gilt als größter spanischer Lyriker bis zur Moderne. Für die junge Dichtergeneration zu Beginn des 20. Jahrhunderts hatte er Vorbildfunktion.

Miguel de Cervantes Saavedra (* Alcala de Henares 1547, † Madrid 1616). Obwohl Cervantes nach Geburt und Abstammung unstrittig Kastilier war und der »Held« seines opus magnum, Don Quijote, nie bis Andalusien kommt, ist durch Biographie und literarischen Werdegang das Leben Cervantes auf engste verknüpft mit dieser Region: erste Schulausbildung in Cordoba, Entdeckung der Neigung zum Dichter in seiner Sevillaner Jugendzeit und Prägung durch seinen Nachbarn Lope de Rueda, Tätigkeit als Königlicher Steuereintreiber im Raum Sevilla/Cordoba, mehrmonatiger Gefängnisaufenthalt in Sevilla usw. Viele der *Novelas ejemplares*,

seiner Erzählungen, spielen in Andalusien. Für Jimenez' *Gespräch mit Platero* war möglicherweise Cervantes' Novelle *Gespräch zwischen Cipion und Berganza* Vorbild.

Tirso de Molina, richtiger Fray Gabriel Tellez (* Madrid 1571, † Soria 1648) war neben Lope de Vega und Pedro Calderon de la Barca der bedeutendste Barockdramatiker des *Siglo de oro*. Bei seinem zweijährigen Aufenthalt im Sevillaner Kloster Nuestra Señora de la Merced (heute das Museo de Bellas Artes) lernte er 1624/25 den Don-Juan-Stoff kennen. Seine dramaturgische Um- und Neugestaltung des Themas machte Don Juan zum Musterstoff für viele nachfolgenden Bearbeitungen (Molière, E.T.A. Hoffmann, Mozart, Lenau, Grabbe, Brancati, Byron, Frisch u.v.a.). Die moralische Absicht des Mercedarierpriors bleibt erkennbar: durch Eingreifen Gottes (Steinerner Gast) wird der notorische Verächter geltender Moralvorstellungen mit dem Sturz in die Hölle bestraft. Der Stoff war in Sevilla gereift. Die Figur des Don Juan geht auf keine historische Person zurück, wohl aber auf eine ganz konkrete historische Situation.

Granada, Patio in der Universität

Das in den Augen der kirchlichen Moralhüter lasterhafte Treiben der Angehörigen des Adelsstandes mit unschuldigen Mädchen des Volkes war gang und gäbe. Ein hervorragendes Beispiel liefert uns die Biographie des Miguel de Cervantes. Miguels zwanzigjährige Schwester Andrea war von Nicolas de Ovando, dem Sohn eines hohen königlichen Beamten und Neffen des Generalvikars von Sevilla, verführt worden. Bei Verletzung der Ehre, das heißt der Jungfräulichkeit, reagierte die spanische Justiz besonders sittenstreng. Andrea gab zu Protokoll, Nicolas de Ovando hätte ihr die Ehe versprochen und deshalb hätte sie sich ihm hingegeben. Durch Nichteinhaltung des Eheversprechens sei wegen ihrer öffentlich ruchbar gewordenen Schande ihre Aussicht auf Verheiratung beeinträchtigt. Nicolas mußte die offensichtlich für solche Fälle vorgesehene beträchtliche Entschädigung zahlen. Böse Zungen meinen, Andrea hätte sich der notorisch prekären Finanzsituation der Familie wegen mit Hinblick auf die zu erwartende Entschädigungszahlung absichtlich mit Nicolas eingelassen. Immerhin macht der Fall deutlich, daß die Don-Juan-Legende eine ganz konkrete soziale Situation beschreibt. Den Don-Juan-Mythos haben erst die späteren Dichter gestrickt.

Eine andere klassische Bühnenfigur, der berühmte »Barbier von Sevilla«, vertritt ähnlich wie der Don-Juan-Stoff typisch Sevillaner Tradition. Einträgliche Finanzgeschäfte im Auftrag von Duverney hatten Pierre Augustin Caron de Beaumarchais nach Spanien geführt (siehe das Fragment *De mon voyage d'Espagne*, 1764). Dabei muß er wohl dem »Barbier« in irgendeiner volkstümlichen Fassung begegnet sein. Er baute den Stoff zur Bühnentrilogie aus: *Der Barbier von Sevilla* (1772), *Figaros Hochzeit oder Der Tolle Tag* (1781) und *Die schuldige Mutter* (1792). Den Welterfolg brachten der Bühnenfigur des Barbier oder Figaro aber erst – ähnlich wie bei Carmen – die musikalischen Umsetzungen durch geniale Tondichter wie Mozart oder Rossini.

Sieht man einmal ab von ihren Beiträgen zur Literatur und Geistesgeschichte in der Antike (Seneca, Lukan, Columella, Isidor von Sevilla) und während der Zeit der Maurenherrschaft (Einfluß auf die südfranzösische Troubadourdichtung und -musik), bleibt die literarische Bedeutung der Andalusier auch noch nach dem *siglo de oro* beachtlich. In den langwierigen Bemühungen des spanischen Volkes um demokratische Reformen und Staatsformen spielten auch die spanischen Intellektuellen eine wichtige Rolle. Besonders die sogenannte »Generation von 98« sorgte für nachhaltige Neuansätze der spanischen Literatur. Und auch hier steht der Beitrag Andalusiens ganz an der Spitze.

Zu Recht wird darauf hingewiesen, daß der überwiegende Teil der spanischen Lyriker des 20. Jahrhunderts aus Andalusien stammt. Namen wie **Jimenez** (Nobelpreis 1956), **Alexeindre**, **A. Machado**, **Cernuda**, **Alberti**, **Rosales** oder **Altolaguirre** sind dem deutschen Leser wenig geläufig, haben aber für die Spanier den gleichen Klang wie für uns Hofmannsthal, Rilke, Trakl oder Tucholsky. In Cordoba formierte sich nach Francos Sieg die widerspenstige Dichtergruppe »Cantico«. In Malaga gründeten in den zwanziger Jahren **Emilio Prados** und **Manuel Altolaguirre** die Zeitschrift »Litoral«. Zusammen mit **Souviron**, **Hinojosa** und **Muñoz Rojas** bildeten sie die Dichterschule von Malaga. Ihre Zeitschrift wurde zum Sprachrohr engagierter Avantgardeliteratur.

Über allen aber leuchtet der Stern **Federico García Lorcas**. »Die Bildsprache seiner Gedichte erinnert an das rhythmische Schlagen der Saiten durch den Flamencogitarristen: gestisch, glühend, voller Grazie«, schreibt treffend Tobias Golels. Garcia Lorcas Dramen sind aufwühlend, stolz und erdig, autochton andalusisch, mal hart, sperrig und tief, dann wieder eindringlich, berauschend schön und füllhornartig fruchtbar. Dabei war García Lorca ein Multitalent. Viele seiner Gedichte hat der begabte Zeichner selbst illustriert. Die Musikalität seiner Sprache kommt nicht von ungefähr, er war auch ein ausgezeichneter Musiker. Seine Schallplattenaufnahme zusammen mit La Argentinita weist ihn als einfühlsamen Begleiter am Flügel aus. Seine Freundschaft mit Manuel de Falla, seine Verdienste um die klassische spanische Volksmusik und seine Beteiligung an der Inszenierung des ersten Festivals für Flamenco in Granada zeigen eine andere, weniger bekannte Seite dieses Genies. Daß die Falangisten in ihrem abgrundtiefen Haß gegen alles Intellektuelle und Liberale ihn, der über die Guardia Civil gedichtet hatte: »Ihre Schädel sind aus Blei, darum weinen sie nie. Ihre Seelen sind aus Lack (...)« beim ersten Aufräumen in Granada – genauer in Viznar – erschossen und an unbekanntem Ort verscharrten, kann nicht verwundern, zeigt aber die maßlose Brutalität mit der diese Einheiten alles, was nach Demokratie roch, auszurotten versuchten. Lorcas zwei Jahre vor seiner Ermordung geschriebenes Bühnenstück *Boda de Sangre* (Bluthochzeit) hat in grausiger Vorahnung diesen spanischen Blutzoll vorgezeichnet. Bis 1960 waren seine Stücke in Spanien verboten. Und noch heute gibt es in Deutschland keine Gesamtausgabe der Werke dieses großen Andalusiers.

Sevilla, typischer *tablao de flamenco*

Cante Jondo oder Flamenco

Die Alternative ist sinnvoll, wenn auch nicht vom rein philologischen Standpunkt aus. Es gibt nämlich noch keine offizielle Sprachregelung, die die Bedeutung beider Begriffe unterscheidet. Andererseits hat sich seit dem Beginn unseres Jahrhunderts eine Bevorzugung des Terminus Cante Jondo für den historisch älteren und künstlerisch wertvolleren Flamenco abgezeichnet – Manuel de Falla, *El Cante jondo*, 1922; erstes Festival für Cante Jondo in Granada, 1922; Federico García Lorca, *Dichtung vom Cante Jondo*, 1931; erstes und zweites Festival für Cante Jondo in Cordoba, 1956 und 1959;

Hipolito Rossy, *Teoria del Canto Jondo*, 1966 – während die Bezeichnung Flamenco ganz allgemein auch für jene folkloristische Unterhaltungsmusik gilt, die mit dem ursprünglichen tiefinneren Gesang der Zigeuner nur noch entfernt verwandt ist. Daneben aber steht für Cante Jondo nach wie vor gleichbedeutend Cante Flamenco (A.G. Climent, *Flamencologia*, 1955; A. Alvarez Caballero, *Historia del Cante Flamenco*, 1981). Dennoch wäre eine begriffliche Unterscheidung von Cante Jondo oder Cante Flamenco einerseits und Flamenco andererseits sinnvoll, ähnlich wie im deutschen Sprachgebrauch unterschieden wird zwischen echter traditioneller Volksmusik und volkstümlicher Unterhaltungsmusik.

Über Geschichte, Ursprung und einzelne Entwicklungsetappen des Cante Jondo gibt es zahlreiche Theorien, aber wenig quellenmäßig Gesichertes. Allein für die Bezeichnung Flamenco (das Wort bedeutet ursprünglich »flämisch«) gibt es sechs Theorien, wovon die überzeugendste die von C. Almendros sein dürfte. Am Hofe Karls V., dem *rey flamenco* der Spanier, stammten alle Sänger der Hofkantorei aus Flandern. In Kreisen des Hofs und der Kathedralen war es Mode geworden, die Chöre bevorzugt mit Sängern aus Flandern (*cantores flamencos*) zu besetzen. Im 16. Jahrhundert bürgerte sich für den Berufsstand bzw. die Art ihrer Tätigkeit das Wort *flamenco* ein als Symbol für Stimme, Gesang. Im

Kastilischen verlor sich diese Bedeutung zugunsten des einheimischen Wortes *cantaores*. Die Zigeuner behielten in ihrer Sprache die im 16. Jahrhundert aufgeschnappte und adaptierte Form *flamenco* für Stimme oder Gesang bei.

Bis zum 16. Jahrhundert gab es keinen Cante Flamenco sprich Cante Jondo zigeunerischer Prägung. Die vorherrschende Volksmusik setzte sich aus syrisch-arabischen, jüdischen, mozarabischen, byzantinischen und iberischen Elementen zusammen. Auf der Flucht vor den Horden des Timur wandten sich die Angehörigen, der Sudras, der zweitniedrigsten indischen Kaste, nach Westen, wo sich der Flüchtlingsstrom teilte. Die einen zogen über Ägypten nach Afrika, die anderen über den Balkan nach Europa, wo bereits in Ungarn ein größerer Teil seßhaft wurde. 1474 erreichten die ersten Zigeuner die spanische Nordgrenze bei La Yunquera. Eine Generation später tauchten sie in Andalusien auf, wo sich der überwiegende Teil von ihnen ansiedelte. Die dortigen Lebensbedingungen wie Klima oder die vorherrschende ethnische und religiöse Mischkultur kamen ihrer asiatischen Herkunft am weitesten entgegen.

Die zunächst freundliche Aufnahme schlug in der späteren Regierungszeit der Katholischen Könige um in Verfolgung und Unterdrückung. Da die Zigeuner aber den katholischen Glauben annahmen, Maria zu ihrer Hauptgöttin erkoren und sich auch sonst katholischer gaben als die alteingesessenen Christen, hatte die Inquisition keinerlei Handhabe gegen sie. In Sevilla, direkt um das Kastell der Inquisition in Triana, gründeten sie eine Hauptniederlassung. Wegen ihrer anderen rassischen Zugehörigkeit, Sprache und Sitte blieben sie aber wie schon in ihrer alten Heimat eine unterdrückte Schicht. Die andalusischen Zigeuner nahmen im Verlauf von Jahrhunderten Sprache und Geflogenheiten des Gastlandes an, ihre eigene Lebensform blieben beschränkt auf ihre von der übrigen Bevölkerung abgegrenzten Lebensräume. Erst 1783 befreite König Karl III. die Zigeuner, indem er sie per Dekret zu spanischen Staatsbürgern erklärte.

Lebendiger Flamenco bei der Romeria del Rocio

Die um 1500 in Andalusien beheimatete Volksmusik bzw. Form des Singens wurde von den hier allmählich heimisch werdenden Zigeunern aufgegriffen, gepflegt und in einer für diese Volksgruppe typischen Art und Weise fortentwickelt. Als die Zigeuner nach 1783 ihre Ghettos, Wohnwagenburgen, Vorstadtslums oder Höhlen verlassen konnten, kam die andalusische Bevölkerung in ersten Kontakt mit der zuvor nur im intimen Kreise ausgeübten Zigeunermusik, dem Cante Flamenco. Es ist daher kein Zufall, daß der erste historisch belegte und namentlich bekannte Flamencosänger, Tio Luis el de la Juliana, nach 1780 ins Rampenlicht der Öffentlichkeit tritt. Das Dreieck Triana – Ronda – Cadiz gilt heute allgemein als die Wiege des Cante Flamenco. Die umherziehenden Zigeunermusiker werden zur Attraktrion auf den Festen der Reichen. Ein recht bildhafter Bericht von einem solchen Fest mit Zigeunermusik findet sich in S.E. Calderons Erzählung »Ein Tanzabend in Triana« (aus *Escenas Andaluzas*, 1847).

Ab der Mitte des 19. Jahrhunderts werden die Zigeuner und mit ihnen der Cante Jondo zur festen Institution in den entstehenden *cafés de cante*. Das älteste dieser Musikcafés ist in Sevilla für das Jahr 1842 bezeugt. Vielleicht war es das Kaffeehaus des Sängers Silverio in der Calle del Rosario (Rosenkranzgasse). Weitere *cafés del cante* finden sich ab 1860 in Sevilla, Triana, Jerez, Cadiz, Cordoba und Malaga, außerhalb Andalusiens in Barcelona, Bilbao und Madrid. Das Zigeunerensemble setzt sich in der Regel zusammen aus einem Gitarristen, einem oder zwei Sängern, drei oder vier Tänzerinnen und zwei Tänzern. Der Auftritt für ein städtisches Publikum ist bereits die erste Prostitution des Cante Jondo, denn er bedeutet ein Eingehen auf den Geschmack des breiten Publikums und damit eine Einbuße der Musik an Reinheit und Tiefe.

Die Popularisierung – und Professionalisierung – des ursprünglich nicht zum Spiel in der Öffentlichkeit bestimmten Cante Jondo setzte aber dessen Siegeszug fort. Auf der Weltausstellung von 1890 in Paris waren die Zigeunergruppen und ihre Flamencodarbietungen die modische Sensation des spanischen Pavillons schlechthin. Kurz zuvor hatte Bizets Oper *Carmen* den Boden für ein großes und breites Publikum bereitet. Die Flamencodarbietungen avancierten nun sogar zum anerkannten Musiktheater, zum revueartig inszenierten Bühnenspektakel. In den Kaffeehäusern wandelte sich die alte Zigeuner-Siguiriya zu den publikumswirksameren Malagueñas, levantinischen Gesängen und Tangos. Von Cadiz gelangten letztere schließlich nach Südamerika.

Die Revueerfolge und beim breiten Publikum besonders beliebten Neuformen führten zu einer weiteren Verflachung des ursprünglichen Anliegens, das tief in der Zigeunerseele wurzelt, so daß die Intellektuellen der »Generation von 98« den Flamenco als schnöde, oberflächliche Folklore abstempelten.

Anders in Granada. Manuel de Falla und Miguel Ceron riefen hier zur Rettung des alten Musikerbes zu einem Wettbewerb auf, der am 13. und 14. Juni 1922 auf der Plaza de los Aljibes in der Alhambra stattfand. Zu den Förderern dieses Concorso Nacional de Cante Jondo gehörten der Komponist Turina sowie die Dichter García Lorca und Jimenez. Doch der Wettbewerb brachte nicht das erwartete Ergebnis. Andererseits aber begann damit der lange Kampf um eine Rückgewinnung der Werte des alten Cante Jondo. Nach einem weiteren Niedergang der ursprünglichen Kunst der Zigeuner vollzog sich 1956 und 1959 eine tiefgreifende Erneuerung mit den beiden ersten Wettbewerben zum Cante Jondo in Cordoba. Neben der Einrichtung zahlreicher Pflege- und Förderkreise des tiefinneren Gesangs in allen Städten Andalusiens fand diese letzte Welle der Flamenco-Renaissance ihre vorläufigen Höhepunkte in der Schaffung des Centro de Estudios de Musica Andaluza y de Flamenco in Madrid (1968) und der Eröffnung der Fundacion Andaluza de Flamenco im Palacio Remartin in Jerez de la Frontera (1988). Dort ist in der reichhaltigen Fachbibliothek alles Lesenswerte über Flamenco zusammengetragen. Auch erhält man dort eine aktuelle Liste aller Kneipen, Zirkel und Clubs, die sich der Pflege des wahren Cante Jondo widmen (Die Anschrift der Stiftung lautet: Fundacion Andaluza de Flamenco, Plaza de San Juan 1, E-11404 Jerez de la Frontera).

Die Kunst des Cante Flamenco inklusive der Flamencogitarre und des Flamencotanzes mit ihren diversen Grundformen wie Siguiriya, Solea, Tango, Buleria, sowie den Rhythmen, Sonderformen, Texten, Inhalten usw. ist zu kompliziert, um hier angemessen dargestellt werden zu können. Der echte Cante Jondo bedarf eines eingehenden Studiums, am besten vor Ort – life. Allerdings braucht man dazu Adressen, Zeit und zähe Zielstrebigkeit. Natürlich gibt es daneben, und dies unüberhörbar in Andalusien, noch tausend andere Formen von Primitivflamenco, Bühnenaufführungen (sog. *tablaos*) sowie Revue- und Filmversionen.

Was aber der wahre Cante Jondo lebt, hat niemand besser beschrieben als Federico García Lorca:

> Den Zigeunern *verdanken wir also die Erschaffung dieser Gesänge, der Seele unserer Seele; ihnen verdanken wir den Bau dieser lyrischen Flußbetten, durch die alle Schmerzen entfließen.*
> Der Cante Jondo *ist tief, tiefer als alle Brunnen und alle Meere, die die Welt umgeben, viel tiefer als das lebendige Herz, das ihn hervorbringt, und die Stimme, die ihn singt. Er kommt von fernen Völkerstämmen, durchzieht den Friedhof der Jahre und das Laubwerk der entkräfteten Winde. Er kommt von der ersten Wehklage und vom ersten Kuß.*
> *Der cande jondo nähert sich dem Vogeltriller und der natürlichen Musik von Erle und Welle (...) er ist wahrlich ein äußerst seltenes Muster des primitiven Gesanges, Europas ältesten Gesanges, dessen historischer Überrest und dessen vom Sand der Zeit verschüttetes lyrisches Fragment lebendig wie am ersten Tage ihres Daseins in Erscheinung treten.*
> *Die Zigeuner-Siguiriya beginnt mit einem furchtbaren Schrei – einem Schrei, der die Landschaft in zwei gleiche Hemisphären teilt; danach hält die Stimme an, um einem gemessenen Schweigen den Vorrang zu lassen, einer Stille, darin das weiße Lilienantlitz aufleuchtet, welches die Stimme am Himmel hinterlassen hat. Danach beginnt die wellende und in einer anderen als der Bachschen Richtung unaufhörliche Melodie (...) die Siguiriya verliert sich in horizontaler Richtung, sie entschlüpft den Händen, und wir sehen sie nach einem Punkte gemeinsamen Wunsches und vollkommener Leidenschaft sich entfernen, wo es der Seele nicht gelingt, das Schiff zu verlassen.*
> So *singt der cante jondo wie eine auglose Nachtigall; er singt blind, und darum bewegen sich Texte und seine uralten Melodien am schönsten in der Nacht; in der azurnen Nacht unserer Felder (...) der cante jondo singt immer in der Nacht. Er hat nicht Morgen, nicht Abend, nicht Berge, nicht Ebenen. Er hat nur die Nacht, eine weite, profunde bestirnte Nacht. Er braucht nichts anderes. Er ist ein Gesang ohne Landschaft und darum in sich selbst zusammengefaßt, und furchtbar inmitten des Dunkels schnellt er seine Goldpfeile ab, die sich in unser Herz bohren.*

Pferde, Stiere, Corridas

Pferdenarren unter sich

In Andalusien ist das Pferd zu Hause. Die Andalusier sind echte Pferdenarren. Bereits in den ältesten Kulturschöpfungen des Landes, den Höhlenmalereien von La Pileta aus dem Magdalenien, tritt uns das andalusische Pferd mit allen seinen Merkmalen wie hoher Skelettbau, Ramskopf und Auskehlung des Halsansatzes entgegen. Bereits vor 5.000 Jahren wurde das Pferd gezähmt. Die Tartessier kannten es als Reittier, und die iberische Kavallerie war bei Phönikern wie Römern gefürchtet. Die Eigenheiten des andalusischen Pferdes trugen dazu wesentlich bei. Nicht Gesamtschnelligkeit, sondern hervorragende Dressurfähigkeit, Zuverlässigkeit, Wendigkeit und Antrittsschnelligkeit machten das iberische Pferd zum idealen Kampfpferd. Dazu erfanden die Iberer die klassische Beizäumung, die eine präzise Führung des Pferdes erlaubte; sie ritten ihre Pferde versammelt und waren somit die Erfinder der »klassischen« Reitkunst.

Die *pura raza andaluza*, die reine andalusische Rasse, hat zwar Verwandtschaft mit dem Berberpferd, möglicherweise gemeinsame Abstammung, verdankt aber sonst den eigentlichen Arabern nichts. Schon Karthager und Römer exportierten massenweise andalusische Tiere nach Nordafrika. Tariks Streitmacht (711) bestand anfänglich fast nur aus Fußtruppen, deren Equipierung erst in Andalusien erfolgte. Im Mittelalter hatten die Kastilier durch Kreuzung von vollblütigen Südpferden mit kaltblütigen Nordpferden ein mittelgroßes Kampfpferd gezüchtet, den Villano. Mit der Eroberung Nieder-Andalusiens im 13. Jahrhundert kamen die kastilischen Ritter massenweise ins Land. Sie sattelten um. Pferd, Ausrüstung und Reitweise wurden nun andalusisch. Die von den Andalusiern selbst als Ginetas (der deutsche Name ist Genetten) bezeichneten Pferde wurden in Europa zum Inbegriff des idealen Streitrosses. Der weltweite Siegeszug der spanischen Ginetas setzte ein. Der großen Nachfrage wegen bestand sogar die Gefahr der Ausblutung. Die Katholischen Majestäten reagierten in ihrer restriktiven Handelspolitik mit einem königlichem Dekret, das die Ausfuhr von Ginetas ins Ausland bei Androhung drastischer Strafen verbot. Die jeweils zulässige Kontingentierung für den Export war nur durch eine königliche Sondergenehmigung möglich. Die nachfolgenden Habsburger dachten da weniger andalusisch. So wurde 1532 in Italien die glorreiche Neapolitanische Reitschule gegründet. Den Grundstock für die österreichischen Lipizzaner und Kladruber (1580), die niederländischen Westfriesen und dänischen Fredericksborger stellten andalusische Zuchttiere. Die spanischen Konquistatoren brachten das andalusische Pferd und die zugehörige Reitweise nach Amerika, wo freigelaufene Tiere den Ursprung der amerikanischen Mustangherden bildeten.

Andere Leitbilder vom schönen oder guten Pferd führten im 17. Jahrhundert zu schweren Zuchtschäden und neuen Pferdetypen. Die aufkommende englische Mode der Pferderennen mit der Grundbedingung höchstmöglicher Schnelligkeit konnten die langsameren andalusischen Pferde nicht erfüllen. Wo aber andere Eigenschaften gebraucht werden wie bei Reit-, Kampf-, Spann- oder Dressurpferden, ist der andalusische Typ nach wie vor gefragt, vor allem bei den Andalusiern

Jerez, Feria del Caballo

selbst. Im Heimatland der *pura raza andaluza* haben schon früh einheimische Pferdenarren, meist adelige Großgrundbesitzer, damit begonnen, Fremdbluteinmischung von ihren geliebten Pferden fernzuhalten. Ein fast heiliger Ort der *casta andaluza* war die Zucht der Kartause von Jerez de la Frontera. Diese »Kartäuser« waren weltberühmt. Cordoba und Jerez blieben bis heute die Hochburgen der andalusischen Pferdezucht, obwohl kurzzeitig die Gefahr des Aussterbens bestand, nachdem die französischen Besatzungstruppen 1808 die Kartause von Jerez aufgehoben und die kostbaren Pferde requiriert hatten. Der spanische Staat und private Unternehmer wie der Sherry-Baron Domecq widmen sich heute erneut der Zucht ihres Lieblingstieres, dem andalusischen Pferd. Als Zuchtziele werden angegeben: gutmütiger Charakter, Genügsamkeit, Strapazierfähigkeit und Widerstandskraft. Die weiten flachen Hügel Nieder-Andalusiens um Jerez, Sevilla und Cordoba sind die paradiesische Heimat der neuen *casta andaluza*. Die reine spanische Rasse mit geradem Profil im orientalischen Typ hat, wie ihr Name schon sagt, doch Zugeständnisse am ästhetischen Erscheinungsbild – die Ramsnase wurde abgezüchtet und Araberblut wurde eingemischt – erdulden müssen. Zuständig für die Einhaltung dieses rassischen Zuchtzieles ist die Asociacion Española de Criadores de Caballos de Pura Raza Española in Sevilla. Die Rasse des Cartujano-Typs findet ihre ungebrochene Tradition in der Zucht der Terry-Familie in Puerto de Santa Maria. Aber auch das spanische Kriegsministerium betreibt vier große Gestüte, davon drei in Andalusien, nämlich in Baeza, Cordoba und Jerez.

Jerez, Reiter bei der Feria del Caballo

Die private Zuchtanstalt der Domecq-Familie in Jerez, die Escuela Andaluza del Arte Ecuestre (Andalusische Schule der hohen Reitkunst) sollte unbedingt Ziel einer Andalusienreise sein. Jeden Donnerstag vormittag zeigen die Jerezaner Dressurkünstler wie die andalusischen Pferde tanzen: *como bailen los caballos andalusos*.

Was wäre eine Feria de Abril in Sevilla, eine Romeria de San Rocío, ein Einzug der Toreros in die Arena ohne Pferde? Den Höhepunkt der Pferdevernarrtheit der Andalusier erlebt man in der zweiten Maiwoche in Jerez de la Frontera bei der dortigen Feria del Caballo, der Pferdemesse. Zwischen Sherry-Duft und Pferdemist findet sich unter heißem südlichen Himmel alles, was als andalusisch gilt: stolze Spanier auf rassigen Pferden, akrobatische equestrische Leistungen in den *rejoneos*, den Stierkämpfen zu Pferd, glutvolle Augen unter blauschwarzem Haar, farbiges Stoffgewoge von Rüschen und Volants der andalusischen Schönen, Flamencoklänge und Zigeunertreiben, klassische Corridas und dazwischen überall Pferde bei präzisen Dressurvorführungen, disziplinierte Gespannarbeit der prächtigen Kutschen und vieles mehr. Andalusien ist glücklich.

Stiere auf der Weide

Stierkult oder Stierkampf?
Gedanken zu einem Reizthema

Malaga 12.30 Uhr in einer Bar. Der hochgewachsene, glattschwarzhaarige, schlanke Mann lehnt lässig an der Theke der von den Einheimischen rege frequentierten Bar. Seine Kleidung ist modisch nach neuestem internationalen Chic, am Arm prunkt gut sichtbar das Topmodell einer weltweit bekannten Uhrenfirma. Er dürfte so auf die Dreißig zugehen. Im Gespräch stellt sich heraus, daß Mano, so heißt der junge Mann, aufgeschlossen, fortschrittsgläubig und leistungsorientiert ist, kurz: ein Yuppie der High-Tech-Generation. Mit seiner Freundin lebt er schon seit sechs Jahren ganz emanzipiert in einem Drei-Zimmer-Appartement – aus Protest, wie er sagt, gegen die verkrusteten Moralvorstellungen seiner Eltern. Auch sonst geriert er sich als Anhänger von Demokratie, Sozialreform und friedlicher Koexistenz der Völker als guter »Europäer«. Nachdem er seinen *fino* getrunken hat, muß er dringend weiter. Eine Fortsetzung

des Gesprächs zu einem späteren Zeitpunkt ist nicht möglich, denn zur Zeit ist Corrida und er hat für jede Vorstellung eine Karte. Da muß alles andere hintanstehen.

Sieh' da, denke ich bei mir, ein *aficionado*. Der Frage, ob er denn jede Corrida sehen müsse, begegnet er mit einem fassungslosen stummen Blick. Dann meint er mit gutmütiger, aber doch unverkennbar herablassender Miene, das könne ein Nichtspanier einfach nicht begreifen. Und das stimmt. Es gibt nur entweder *aficionados*, das heißt leidenschaftliche, ja besessene Anhänger des Stierkampfes – oder Gegner desselben. Letztere bilden in Spanien eine kleine Minderheit. Berühmte *aficionados* waren Goya, Rilke, Hemingway und Picasso. Jedes größere religiöse oder nichtreligiöse Volksfest, ob die Feria del Caballo in Jerez oder die Feria de Abril in Sevilla, findet seinen wirklichen Höhepunkt in der Corrida, und man hat nur das halbe Fest erlebt ohne diese. Der Stierkampf ist für die Spanier von San Sebastian bis Tarifa eine heilige Institution. Als Nicht-*aficionado* sollte man eigentlich kein Wort darüber verlieren, man ist nicht befugt. Dennoch: der neuzeitliche Stierkampf, zu Fuß oder beritten, darf nicht verwechselt werden mit den religiös motivierten Stierkulten der Antike. Von Ägypten und Kreta bis zum Atlantik waren rituelle Stieropfer oder Mutproben mit dem Stier, der nicht als Kampfstier gezüchtet oder trainiert worden war, verbreitet. Schon bei den Römern waren Stierrennen oder -gefechte vollständig profaniert und Teil der blutigen Spektakel im Amphitheater, ausschließlich der Unterhaltung dienend – natürlich mit dem geforderten Nervenkitzel.

Stierkampfszene

Der Siegeszug des Christentums, mit dessen Idealen diese grausamen Spiele nicht vereinbar waren, ließ die alten Kulte und Vergnügungen aussterben, ja in Vergessenheit geraten. Für die Zeit der Westgoten, der arabischen Besetzung und die der Ritter im Hochmittelalter sind solche öffentlichen Tierhetzen weder in Bild noch in Schrift belegt. Den Ersatz für blutige und spannende Spektakel boten die Ritterturniere. Nun kämpfte Mann gegen Mann, Mensch gegen Mensch, Ertüchtigung und Spektakel zugleich. Ende des 15. Jahrhunderts, nach der Heeresreform durch den Gran Capitan Gonzalo Fernandez de Cordoba, hatten die Ritter ausgedient, Infantrie und Artillerie machten die alten Heroen zu Pferd weitgehend überflüssig. Die zur Untätigkeit verurteilten ehemaligen Ritter, also der Adel, wollte aber auf seinen Spaß nicht verzichten. Man entdeckte den Stier wieder. Stierhetzen durch lanzenbewaffnete Reiter, nun ohne Blech am Leib, waren der neue Gag. Sie fanden während der wichtigsten Feste auf dem Hauptplatz statt und erfreuten sich zunehmend des Beifalls des Publikums. Solche Stierhetzen mit dem Ziel, das gejagte Tier zu Fall zu bringen oder per Lanzenstich zu töten, hatten weder religiöse noch uralte kultische Motive. Ihre gelegentliche zeitliche Koinzidenz mit wichtigen religiösen Festen ist zwar nicht zufällig, aber auch nicht ursächlich. Die Begeisterung für das neue blutige Spektakel und seine regelmäßige Wiederholung trugen dazu bei, eine Art profanen Kult entstehen zu lassen.

Ronda, La Real Maestranza

Für die Mitte des 16. Jahrhunderts sind in Navarra und Kastilien die ersten Kampfstierzuchten belegt. Höhepunkte der königlichen Feste in Madrid waren die Corridas auf der Plaza Mayor. Philipp II. gründete 1572 in Ronda den ersten königlichen Reitklub La Real Maestranza. Der aus betuchtem Hause stammende Dichter Juan de Arguijo organisierte 1599 in Sevilla auf der Plaza San Francisco eine Corrida für seine angebetete Marquise de Denia. Dem bankrotten Adel war im 18. Jahrhundert der kostspielige *rejoneo* zu teuer geworden. Die ehemaligen *churros*, die Reitknechte der adeligen Herren, fingen zur großen Freude des Publikums an, die Tradition des Stierkampfes nun zu Fuß fortzusetzen. Die neuen Helden kamen aus dem Volk. Stierkämpfe zu Pferd wurden immer seltener, denn ein gut ausgebildetes *rejoneo*-Pferd war fast nicht bezahlbar.

Die ersten Arenen für den neuen Typ des Stierkampfes entstanden in der zweiten Hälfte des 18. Jahrhunderts in Madrid und Ronda. Bei der Einweihung der Arena von Ronda im Jahr 1784 trat zum ersten Mal Pedro Romero auf. Er gilt als der Ahnherr des neuen Stierkampfes zu Fuß. Ablauf, Ritual und Techniken wurden seitdem mehrfach verfeinert und ausgebaut. Einer der reichsten und bedeutendsten Kampfstierzüchter hat selbst in einem Interview geäußert: »Die Corrida ist die Kunst der Emotion – aber sie reicht über die Emotion hinaus, sie ist ein Ritus, der uns an unsere Ursprünge (...) zurückführt.« Der zweite Teil des Satzes wirkt bei der nachweisbar jungen Geschichte des Stierkampfes mehr wie ein nachgeschobenes Alibi, die mythische Erhöhung eines ertragreichen und beliebten Spektakels. Der Interpretation, die jüngst ein deutscher Autor zum besten gegeben hat, nämlich daß der Stierkampf das wichtigste Ritual darstelle, durch das der für die Gesellschaft gefährliche, geschlechtsreife junge Mann an die Ordnung der Ehe herangeführt werden soll, muß wohl eher mit Skepsis begegnet werden. Einmal abgesehen davon, daß dieses Ritual gerade gut 200 Jahre alt ist und ihm damit der mythische Hintergrund völlig fehlt, besäße ein solches Ritual nur dann gesellschaftliche Relevanz, wenn, wie einst auf Kreta, alle ehefähigen Jungmänner zum Kampf mit dem Stier antreten müßten. Doch diejenigen, die da unten in der Arena gegen den Stier antreten, sind exakt für ihre Sportart ausgebildete Profis, die ihren gewiß risikoreichen Beruf nicht nur bis zum Eintritt in die Ehe ausüben, sondern solange sie körperlich dazu in der Lage sind bzw. bis sie ihr eigentliches Berufsziel erreicht haben: Geld und Ruhm. Ein Spitzenmatador kann für eine einzige Vorführung seiner »Kunst des Stierfechtens« (*tauromaquia*) bis zu DM 120.000 einstreichen. Da lohnt sich schon das Berufsrisiko.

Da es nicht nur *aficionados*, sondern auch Gegner des Stierkampfes gibt, erscheint es nur legitim und fair, die wichtigsten Argumente sowohl der Befürworter wie der Gegner anzuführen.

Zunächst das Pro, die Argumente der *aficionados*:

a) Als ein wesentliches Argument wird die Berufung auf die Heiligkeit der alten Stierkulte und die traditionelle Verwurzelung des Schauspiels im Volk angeführt. Die Corrida ist in Spanien eine Instanz.
b) Der Stier ist um seiner selbst willen da, nicht für den Menschen. Die Aufzucht erfolgt seiner Art gemäß, im Gegensatz zu den Praktiken der Nutztierhaltung, der Kälberzucht, Schweinemast usw. Das spanische Kampfrind lebt auf riesigen grasreichen Weiden oder in sogenannten *dehesas*, lichten Steineichenhainen, unter freiem Himmel, so daß es als echtes Wildtier seine ererbten Verhaltensweisen voll ausleben kann. Freiheitsdrang und Wehrhaftigkeit sind ihm eigen, und die Züchter sorgen dafür, daß diese Eigenschaften den Tieren erhalten bleiben. Der Stier kennt keinen Stall, kein Joch und keinen Metzger. Der südamerikanische Dichter Ruben Dario hat es wie folgt auf den Punkt gebracht:
»*Stier*: Gestern die Luft, die Sonne, heute der Henker. Was gibt es Schrecklicheres als dieses Martyrium?
Ochse: Impotenz!
Stier: Und was ist dunkler als der Tod?
Ochse: Das Joch.«
c) Natur- und Wildschützer betonen die Wichtigkeit der Existenz dieser natürlichen Freigehege, die eine große Rolle für die Erhaltung andernorts ausgestorbener Tier- und Pflanzenarten spielen.
d) Der Stier hat eine, wenn auch nur kleine Chance. Das Ritual ist zwar dahingehend perfektioniert, daß der Torero in der Regel gewinnt. Doch der Stier ist nicht hundertprozentig zu berechnen und extrem lernfähig. Er lernt, sagt man, in den zwanzig Minuten, die ein Stierkampf dauert, mehr als der Mensch in seinem ganzen Leben. Wenn der Stier durch Zähigkeit und Ausdauer die zwanzig Minuten überlebt, wird er für den Torero gefährlich. Mancher Stier lernt schneller und durchschaut den Trug mit dem roten Tuch. Jede Saison liefert Beispiele für das *indulto*, die Belohnung des tapferen Stieres mit dem Leben.
e) Der Tod erfolgt der Natur des Stieres gemäß im Kampf. Die für den Kampf in der Arena ausgewählten Stiere werden im Alter zwischen vier und sechs Jahren von der Herde abgesondert. In diesem Alter beginnen auch für die bei der Herde verbleibenden Tiere die tödlichen Kämpfe um die Führungsposition des Leitstieres. Dabei werden alljährlich zahlreiche Bullen durch Hornstoß getötet.
f) Das ganze Drumherum, das Schauspiel, die Stimmung, die Ästhetik des Kampfes ist ein Argument für sich. Außerdem gibt es auch hier, ähnlich wie bei der Frage der Gewaltdarstellung im Fernsehen, ernsthafte Vertreter der Katharsis-Theorie, die darauf abzielt, das Ausleben angestauter Aggressionen in Stadion und Arena trage zur Läuterung, zu friedlichem Verhalten bei.
g) Nur hinter vorgehaltener Hand wird auch der wirtschaftliche Faktor angeführt. Jährlich finden etwa 500 Corridas in Spanien statt. Das ergab 52 Mill. Zuschauer allein für das Jahr 1989, was fast 1,5 Milliarden Mark Eintrittsgelder allein in die Stadionkassen brachte. Die im Umfeld der Corridas getätigten Umsätze sind darin nicht enthalten.

Nun das Contra, die Argumente der Gegner:

a) Alle Moralisten, Tierschützer und Vertreter der Gewaltlosigkeit, die grundsätzlich jede Form von Tiertötung aus sportlichen oder kommerziellen Gründen ablehnen, sind gegen Corridas.
b) Viele Kampfstiere sind manipuliert. Ein Beispiel: Der berühmte Stierzüchter Eduardo Miura beläßt seinen Stieren ihre Hauptcharakteristiken wie Schnelligkeit, Angriffslust, Intelligenz, Ausdauer und Hornlänge. Seine Stiere sind bei den Matadores nicht sehr gefragt. Die meisten Matadores, die in der Arena den Tod fanden, ereilte ihr Schicksal in Gestalt eines Miura-Stiers. Viele Kollegen Miuras züchten durch langjährige Manipulationen sogenannte Gefälligkeitsstiere mit geringer Ausdauer, ungefährlicher Hornstellung und exaktem Geradeauslauf beim Angriff, den *toro de carril*. Beruhigende Präparate in der Fütterung vor dem Kampf oder Verkürzung der Hornlänge sind weitere beliebte Mittel, die Risiken für die Toreros gewaltig zu mindern. Als der berühmte Torero Manolete 1947 in der Arena von Linares den Tod fand, hatte man in der Nacht vor dem Kampf die Hörner des Stieres verkürzt. Doch es nutzte nichts. Dieser Miura-Stier war trotz der ungewohnten kürzeren Hörner noch tödlich für Manolete. In der Regel aber werden durch Manipulationen die ohnehin geringen Chancen der Kampfstiere noch weiter verringert.
c) Beim Abschlachten der nur verletzten Stiere wenn die erste *estochada* nicht den vollen Erfolg gebracht, das heißt den augenblicklichen Tod bewirkt hat und daher weitere Tötungsversuche notwendig werden, wird das Sterben des Tieres wirklich zur grausigen Quälerei.
d) Die Abertausende von Quadratkilometern fruchtbaren Weidelands, die allein der Aufzucht des spanischen Kampfstieres dienen, könnten sinnvoller für die Menschen genutzt werden, für exportfähige Agrarprodukte beispielsweise und somit zur Sicherung von Arbeitsplätzen.

Welche Seite auch recht haben mag, der Stierkampf gehört zu Spanien und ein Fest ohne Corrida ist, wie bereits gesagt, keines – zumal in Andalusien. Wer Andalusien und seine Menschen wirklich kennenlernen will, kommt daran nicht vorbei. Für den Spanien-Neuling sei daher unbedingt empfohlen, sich vorurteilsfrei eine Corrida anzuschauen. Die Stimmung ist unbeschreiblich, die Kämpfe sind packend, für Nervenkitzel ist gesorgt. Erst danach wird sich entscheiden, ob es einen neuen Gegner oder *aficionado* gibt.

Beten und Feiern – Ferias, Romerias und Semana Santa

Von Festen allgemein

Die nimmermüde Sonne, die fruchtbaren Ebenen und Hochtäler und der Fischreichtum der Küsten könnten wohl zu Recht ein Paradies vortäuschen. Doch die gleißende Sonne blendet, überdeckt die wirklichen Verhältnisse. Schon der hervorragende Spanienkenner Mérimée ließ seine Titelheldin Carmencita stellvertretend für alle einfachen Menschen Andalusiens, das Volk, empört ausrufen: »Bah! das Paradies (...) die Leute hier sagen, daß es nicht für uns geschaffen ist.«

Doch die Sonne strahlt nicht vergebens. Sie hat sich eingenistet im Herzen der Andalusier. Sie wissen zu feiern. Ihre Feste sind wie freundliche Windböen, die die Wolken am Himmel des Alltags vertreiben. Und Anlässe zum Feiern gibt es unzählige. Von Karneval bis Johanni ist Andalusien ein einziger Festsaal unter freiem Himmel. Messen und Viehmärkte, Ernten und Jahreszeitenwechsel, Patronatsfeste, Wallfahrten und historische Gedenktage, Familienfeiern und hohe religiöse Anlässe – immer gibt es etwas zu feiern, die Sonne in die Herzen zu lassen. Um bei der Fülle der Anlässe zum Feiern einigermaßen den Überblick zu bewahren, bedarf es einer groben Ordnung. Die meisten Darstellungen der Festfreudigkeit der Andalusier beschränken sich auf die isolierte Darstellung dreier »Highlights« im touristischen Sinne: die Feria de Abril in Sevilla, die Semana Santa in Sevilla und die große Wallfahrt zur Taubenjungfrau des Rocío. Doch diese drei großen bilden nur einen Tropfen im Meer der andalusischen Feste. Man feiert nicht der Touristen wegen, man hat hier schon immer gefeiert.

Man muß unterscheiden zwischen Jahreszeitenfesten, rein religiösen Festen, durch die Ökonomie bestimmten Anlässen, historischen Feiern und – saisonbedingten – touristischen Festen. Nur selten allerdings kommt die Reinform eines Festes zutage, meist verbinden sich die verschiedendsten Anlässe und Gründe zu untrennbaren Gemeinschaftsveranstaltungen. Reine Jahreszeitenfeste wären Karneval, Johanni, Maifeste. Allein bedingt durch die vorherrschende agrarische Wirtschaftsform sind die Messen von Sevilla und Jerez, die Erntedank- und Weinfeste. Ausschließlich durch religiöse Daten bestimmt sind Feiertage wie Pfingsten, Dreikönigsfest, Fronleichnam, Patronatsfeste und eine Reihe von Wallfahrten (*romerias*). Auf aktive oder passive Teilnahme von nicht ausschließlich Einheimischen, sprich Gästen, sind viele Saisonveranstaltungen im Juli und August ausgerichtet:

Sommerfeste in Barbate, Zahara de los Atunes, Sanlucar de Barrameda, Musikveranstaltungen wie Flamenco-Festivals in Casabermeja, Cordoba, Fuengirola, Granada oder Martin de la Jara, Konzerte, Tanzvorführungen oder auch Literaturwettbewerbe wie in Ayamonte oder Nerja. Als typisch historische Feste seien hier das Gedenkfest zur Einnahme der Stadt Granada durch die Christen am 2. Januar und das Kolumbusfest in Huelva am 3. August genannt. In einem Land, in dem es früher als anderswo in Europa Ackerbau und Viehzucht gab, sind natürlich auch von der Wirtschaftsform bedingte jahreszeitliche Anlässe wie Aussaat, Ernte, Weinlese oder Viehmärkte Gründe zum Feiern. Die Kirche hat überdies wie andernorts auch uralte autochthone Feste in Beschlag genommen und ein neues Gesicht gegeben. Die in allen christlichen Ländern wichtigsten Feste wie Ostern und Weihnachten sind auch in Andalusien die herausragenden Beispiele für die Umwandlung alter Jahreszeitenfeste in christliche Gedenktage.

Sevilla, Prozession der Semana Santa

Sevilla, Palmsonntag

Semana Santa

Kirche und Volk, Volk und Kirche bilden ganz besonders in Andalusien ein untrennbares Ganzes, das uns sein glücklichstes Gesicht in der Osterwoche zeigt. Von den einst zahlreichen höfischen Festen bzw. von Königtum oder Adel veranlaßten Feierlichkeiten ist nur – und dieser in popularisierter Version – der Stierkampf als lebendiges Erbe geblieben. Doch die Katholische Kirche, einst Anwalt und Beschützer des einfachen Volkes, hat es verstanden, den Gläubigen ihre Identität zu belassen und autochthone Riten zu übernehmen, wo sie nicht der kirchlichen Lehre direkt zuwiderliefen. Das 16. Jahrhundert war das Jahrhundert der Gegenreformation und Andalusien war das Musterkind dieser Bewegung. In Andalusien entwickelte sich das, was man barocke Lebenskultur nennt, hier wurde der Barock geboren (siehe den Abschnitt über de Siloe). Die bedeutendsten Künstler des Landes haben die Figuren der *pasos* geschaffen und mit ihnen die Seele des Volkes getroffen. Die Kirche hat die Regeln und Rituale der Umzüge, Prozessionen, Wallfahrten und Gottesdienste gestaltet. Andalusische Lebensformen und Feste sind barock, das Leben ist ein Fest. Wie profane Lust, überschäumende Lebensfreude, vorchristliches und katholisches Glaubensgut zu einer geradezu exhibitionistischen Orgie aus tiefer Frömmigkeit und exaltierender Emotion verschmelzen, zeigt uns, mit welcher Intensität die Semana Santa, die Karwoche, begangen wird. Keine aber übertrifft an Prunk und Dauer, an Büßertiefe und lebensfroher Ausgelassenheit die Semana Santa von Sevilla.

Schon im 16. Jahrhundert war die Karwoche Sevillas berühmt und daher eine touristische Attraktion. Drei getrennte mittelalterliche Traditionen gehen in die Prozessionen der Karwoche ein: die szenische Darstellung der Passion (Osterspiele), kirchliche Weiheprozessionen und Büßertum. Hinzu kamen die seit dem späten Mittelalter eingebürgerten Bruderschaften (*cofradias*), die als Laienvereinigungen eine wichtige Rolle im sozialen Bereich erfüllten: bei der Armenbetreuung, Krankenpflege und Organisation des Pilgertums. Bis zur Mitte des 16. Jahrhunderts wurden die verschiedenen Bräuche der Karwoche getrennt voneinander geübt. Im Jahre 1531 wurde in Sevilla die erste Bruderschaft gegründet, die sich ausschließlich um die Organisation der Karwochenumzüge kümmerte. Die szenischen Darstellungen der Passion erstarrten zu monumentalen Einzelfiguren oder Figurengruppen, die auf einem Holzpodest (*paso*) durch die Straßen getragen werden. Die seit dem 14. Jahrhundert per päpstlichem Dekret zur Anonymität gezwungenen Büßer begleiten nun als unter Kapuze und Umhang versteckter Büßerzug, die sog. *nazarenos*, den *paso*. Nach dem Vorbild eucharistischer Prozessionen zieht die *paso*-Gruppe nun als zeitlich wie räumlich verkürzter Pilgerzug nach Jerusalem zur Hauptkirche der Stadt. Das Ende des Zuges beschließt eine Blaskapelle. Heute gibt es in Sevilla nicht weniger als 56 kirchlich zugelassene *cofradias*, deren *pasos* im Wettbewerb um die schönste Semana-Santa-Gruppe auf einem streng vorgeschriebenen Weg durch die Stadt ziehen. Der Consejo General de Cofradias verteilt jährlich ein detailliertes Programm, aus dem man genau entnehmen kann, wann welche *cofradia* wo vorbeikommt.

Die einzelnen *pasos* mit aufrechtstehender Heiligenfigur sind von beachtlicher Größe und entsprechendem Gewicht. Zwischen 25 und 50 junge Männer, die *costaleros*, schleppen im Gleichschritt, verdeckt durch ein herabhängendes Tuch, mühsam den *paso*. Wegen dessen beträchtlichen Gewichts müssen in regelmäßigen Abständen Pausen eingelegt werden. Je weiter die Stammkirche eines *paso* von der Kathedrale entfernt ist, desto länger dauert die »Tortour«. Den letzten Abschnitt der Prozession vom Eingang der Calle Sierpes bis zur Kathedrale, die Carrera Oficial mit Sitztribünen an der Seite, jedoch müssen alle *pasos* nehmen.

Die einzelnen *paso*-Gruppen bestehen in der Regel aus einer Christusfigur, dem vergoldeten Paso de Misterio, und einer thronenden Madonna, dem versilberten Paso de Palio. Als Papst Paul V. 1616 das Dogma von der Unbefleckten Empfängnis Mariae erneut bestätigte, kam er damit der Religiosität der Andalusier und ihrem latent fortbestehenden Matriarchat sehr entgegen.

Aracena, Karfreitagsumzug

Eigentlich hatten sie Maria schon immer als die alte Muttergottheit verehrt. Ab nun war Maria die wichtigste Figur. Zur Karprozession gehört neben der obligaten Blaskapelle eine besondere Form von improvisiertem und spontanem Weihegesang aus dem Publikum, die *saëta*. Nach Einbruch der Dunkelheit, meist dann, wenn der *paso* zum Stehen kommt, bringen einzelne Passanten oder Zuschauer aus den Nachbarhäusern der *paso*-Figur ein kurzes Stoßgebet in gesungener Form dar. Wann diese *saëta* entstanden ist, weiß niemand so recht genau, doch aus der Zeit vor dem späten 19. Jahrhundert gibt es keinerlei Hinweise auf ihre Existenz. Seit Anfang des 20. Jahrhunderts hat vor allem in Sevilla der Flamenco-Gesang die ursprüngliche *saëta* stark beeinflußt, daher auch der Name Saëta Flamenca. In kleineren Städten wie Puente Genil kann man noch die Saëta Antigua hören.

Überhaupt wird die Semana Santa natürlich nicht nur in Sevilla zelebriert. Andere bedeutende Karumzüge finden in Cordoba, Jerez oder Malaga statt. In den kleineren Städten beschränkt sich die Dauer der Umzüge oft auf nur zwei oder drei Tage. Allerdings kann man in vielen dieser »weniger bedeutenden« Prozessionen noch Beispiele der älteren Form, nämlich der szenischen Darstellung der Passion erleben. So kommt in Cuevas de Almanzora am Karfreitag die Gefangennahme Christi zur Aufführung, und in Aracena ziehen am Vormittag desselben Tages malerisch gerüstete römische Legionäre durch die Stadt. Palmprozessionen leiten am Sonntag vor Ostern in Jerez oder Sevilla die eigentliche Semana Santa ein. Besonders prächtig wird der Karfreitag in Castro inszeniert: im Morgengrauen Einzug Jesu mit 700 *nazarenos*, anschließend vor der Kirche Pilatusszene im Beisein von 300 römischen Soldaten zu Fuß und zu Pferd und begleitende *saëtas*, die dort *sameritanas* genannt werden. Die Santeria in Lucena, Festnahme Christi in Montilla (Gründonnerstag), Gefangennahme (Mittwoch) und der Kreuzweg Christi (Freitag) in Priego, Pilatusurteil, Osterpredigt und Kreuzweg Christi in Velenzuela (Freitag) sind Beispiele dafür, daß man die Karwoche auch außerhalb der großen Zentren recht eindrucksvoll erleben kann.

Weitere Feste und Feiertage

Ist das Mysterium der Karwoche abgelaufen und mit dem Triumph der Auferstehung zu einem guten Ende gekommen, heißt das keineswegs, daß nun für längere Zeit Ruhe eingekehrt, die ungestüme Lust am Feiern und an der Selbstdarstellung wäre. Je nach Kalenderjahr beginnt oft schon unmittelbar nach Ostern die Abfolge der zahlreichen übers Land und übers Jahr verteilten Ferias, die meist in einfachen Landwirtschaftsmessen mit Viehmarkt ihren Ursprung haben. Auch hier findet die spektakulärste Schau in Sevilla statt. Die Feria de Abril beginnt am Dienstag zwischen dem 15. und 21. April und dauert genau sechs Tage, vor allem aber sechs Nächte. Es ist geradezu ein Sechstagerennen der Eitelkeit und der Ausgelassenheit.

Allerdings ist dieses Spektakel kein reines Volksfest. Auf rund 300.000 Quadratmetern südlich des Stadtteils Los Remedios erstehen dann streng nach Feststraßen aufgeteilt fast tausend *casetas*. Nur zehn dieser Pavillons oder Zelte aber sind von der Stadt finanziert und somit öffentlich zugänglich. Der Rest ist privat, wo nach Familien, Zirkeln, Vereinen oder Unternehmen getrennt im vertrauten Kreis gefeiert wird. Nur die Straßen und die *maestranza* bleiben dem Volk zum Mitfeiern. Als die Feria de Abril 1847 ins Leben gerufen wurde, war ihr Zweck der einer reinen Geschäftsmesse. Doch in Sevilla artet eben alles irgendwie und irgendwann in Festtrunkenheit aus. Jedenfalls ist die Feria de Abril ein großartiges Schauspiel. Wenn die Sonne schlafen gegangen ist und die Abertausende von Glühlampen am Festtor angeschaltet werden, dann »steht der Prado in Flammen« (Lowe). Alle, ob Passanten oder zur *caseta*-Herrlichkeit geladene Gäste, erscheinen in Gala, wenn möglich zu Pferd und in andalusischer Tracht. Nach feierlichem Einzug in die *casetas* fließen *fino* und *manzanilla* in Strömen. Am Tag danach ist ausschlafen angesagt. Die Sevillaner sind Nachtmenschen. Ob *saëta* oder Cante Jondo, um zu singen braucht der Andalusier die Nacht, die zum Tag wird. Ein geordnetes Geschäftsleben gibt es erst wieder nach der Feria.

Sevilla, Feria de Abril

Etwa einen Monat nach Sevilla ereignet sich die schon erwähnte nächstberühmte Feria, die des Pferdes in Jerez. Zwischen dem 13. und 21. August, zum historischen Gedenken der Einnahme der Stadt durch die Truppen der Katholischen Majestäten, feiert Malaga seine große Feria. Und so fort. Manche Städte haben sogar gleich zwei Ferias, eine im Frühjahr und eine im Herbst. Man kann halt nicht genug feiern, wenn das Leben selbst schon nicht recht paradiesisch ist.

Wer sich im Mai in Cordoba aufhält, kann womöglich gleich drei Feste erleben: das große Festival des Flamenco, das allerdings nur alle drei Jahre stattfindet, die Maiferia in der letzten Maiwoche und die Wettbewerbe der Maikreuze am 3. Mai zusammen mit der Prämierung des schönsten Patio des Jahres (unbedingt sehenswert). Weitere Maifeste mit der Aufstellung sogenannter Maikreuze finden in Granada und Torrox statt.

Sevilla, Feria de Abril

Romerias (Wallfahrten)

Mai und September sind die beiden Monate, in denen die meisten Wallfahrten stattfinden. Auch diese sind, wie sollte es anders sein, Feste der Lebensfreude und Selbstdarstellung. Der religiöse Anlaß ist zwar nicht bloß Vorwand, tritt aber weitgehend zurück hinter dem eigentlichen Geschehen. Die Straßen schmücken, jahreszeitlich bedingte typische Gerichte auftischen, kostbare Kutschgespanne vorführen, festlich gekleidet ausreiten, im Freien essen und trinken, Volkstänze aufführen und dergleichen mehr – ohne dies alles kommt keine echte andalusische Romeria aus. Wallfahrten mit besonders prächtig herausgeputzten Kutschen und Reitern finden statt in Almodovar (2. Sonntag im Mai), Almonaster La Real (3. Wochenende im Mai), Andujar (letzter Sonntag im April), Cartama (Isidor-Romeria, 15./16. Mai), Martos (letzter Sonntag im Mai), Navas de San Juan (1./2. Mai), Nerja (14. Juni), Porcuna (2. Sonntag im Mai), Los Palacios y Villafranca (15./16. Mai), Ronda (14. Juni), Villanueva de Cordoba (Pfingsten) und Villaralto (1. Sonntag im Mai).

Romeria del Rocío

Die längste, malerischste und wichtigste Romeria, die Königin unter den andalusischen Wallfahrten, führt zu einer anderen Königin, nämlich zur Jungfrau des Rocío, bekannt auch als Weiße Taube des Rocío. Diese großartige Pfingst-Romeria nach El Rocío ist je nach Ausgangspunkt der Initiationsreise – des Weges als Läuterung – für manchen Teilnehmer auch die anstrengendste, aufreibendste und längste Reise des Jahres. Bis zu zehn Tagen sind sind die Wallfahrer zu Fuß, zu Pferd oder auf von Mulis gezogenen Planwagen unterwegs, bis sie wieder zu Hause sind. Haben die Pilger am Samstag unter Trommel- und Flötenklängen den Ajoli-Bach überquert, steht der rauschende Höhepunkt der Reise bevor, der in einem Bacchanal endet. In der Nacht von Sonntag auf Montag bemächtigen sich die Pilger der Jungfrau des Rocío, ununterbrochen angefeuert durch die Rhythmen der Sevillanas, durch Tänze und Ströme von Wein. Die rauschhafte Besitzergreifung von der Himmelskönigin unter Übergehung ihrer kirchlichen Vertreter hat etwas atavistisch Archaisches. Die Kirche erduldet weise lächelnd ihre kurzfristige Entthronung und bleibt so Herrin der Dinge.

Die malerische Prozession mit Pferden und geschmückten Wägen, die ausgelassene Stimmung und die erdenfüllige Wucht der Rituale des Rocío haben aber inzwischen so viele Zuschauer angelockt, daß heute die Anzahl der Gaffer und passiven Beiwohner die Zahl der eigentlichen Teilnehmer bei weitem übersteigt, so daß sich kritische Stimmen ins Loblied auf die Weiße Taube mischen. Auf eine griffige Formel gebracht hat Ramon Cue die Geschehnisse bei dieser Wallfahrt mit den Worten: »Der Glaube und die Mythologie, der Fanatismus und die Religion geben sich auf dieser Romeria von Jahrhunderten die Hand.«

Andere Feste

Der Festkalender Andalusiens ist damit aber keineswegs erschöpft. Die zahlreichen Erntedank- und Weinfeste – letztere besonders im Sherry-Dreieck – füllen das Sommerprogramm. Auch sie sind meist verbunden mit Ferias, Viehmärkten oder Folklore-Veranstaltungen. Wer aber das Glück hat, Andalusien ohne Tourismus zu erleben, das heißt, wer in den Wintermonaten das Land bereist, hat nicht nur die Alhambra oder die Altstädte von Sevilla und Cordoba für sich allein, sondern wird auch Zeuge vieler anderer Volksbräuche Andalusiens. Der Dezember ist voll von erlebnisreichen Festen. Nur einige seien hier erwähnt: das Barbara-Fest in Villanueva del Rio y Minas (5. Dezember), das Fest der »Migas« in Torrox (Sonntag vor Weihnachten) oder die Fiesta de Verdiales in Malaga (28. Dezember). Besonders sehenswert ist in Casarabonella die Nacht vor dem St.-Lucia-Tag (12. Dezember).

Das Heiligedreikönigsfest wird besonders prächtig begangen mit Reiterumzügen durch die Städte Granada, Guadix, Higuera de la Sierra, Malaga und Motril. Und schließlich ist da der eigentliche Beginn der Frühlingsfeste, der Karneval, wobei der von Cadiz der berühmteste ist. Aber auch in Cuevas de Almanzora, Carmona, Granada, Isla Cristina, Malaga, Torrepergil und Velez Blanco wird einiges auf die Beine gestellt. Grund zur Langeweile gibt es in Andalusien nie.

Noch ein Wort über Stierkämpfe. Selbstverständlich sind alle bedeutenden Feiern von Ostern bis Oktober begleitet von mehr oder minder wichtigen Corridas. Wem aber die blutige Corrida weniger behagt, dem seien andere, unblutige Formen des Stierkampfes in Andalusien empfohlen. Auch hier mag die Aufzählung der wichtigsten Veranstaltungen genügen: Arcos de la Frontera (Halleluja-Stiertreiben am Ostersonntag), Chipiona (Moscatel-Fest mit Stiertreiben in der 2. September-Woche), Dos Torres (Stiertreiben vom 15. bis 19. August), Almonaster la Real (Romeria de Santa Eulalia mit Kampfspielen von Kälbern am Samstagnachmittag des 3. Mai-Wochenendes), Beas de Segura (Frühlingsfest am 24. und 25. April, bei dem Stiere durch die Stadt getrieben werden), Martos, Feria (lustige Stierschauspiele vom 22. bis 27. August) und Villanueva de Trabuco (erheiternde Stierspiele vom 12. bis 15. September). Das Fronleichnamsfest wird besonders prächtig begangen in Cadiz, Sevilla, Villacarillo und Zahara de la Sierra. Das Johannisfest mit Julfeuern zur Sommersonnenwende, bei dem Puppen verbrannt werden, ist zu erleben in Almeria, Cadiz, Benamadena, Lebrija und – besonders eindrucksvoll – in Algatocin.

Vom *garum* zum Sherry: ein kulinarischer Streifzug

Zur andalusischen Küche im allgemeinen

Der die mitteleuropäische und italienische Küche gewöhnte oder gar von der französischen Küche verwöhnte Gourmet steht in Andalusien auf verlorenem Posten. Die Region ist schlechterdings kein Land der Haute Cuisine. Die andalusische Küche ist einfach, bäuerlich, kräftig gewürzt und leicht, letzteres ihrer Hauptbestandteile aus Garten, Olivenhain und Meer wegen. Denkt er an die unentrinnbaren *tortillas* (Eierkuchen), an die deftige *chorizo* (Paprikawurst) oder die *morcilla* (nahrhafte Blutwurst) wird dem Gourmet kaltes Schaudern befallen; er wird aber gleichzeitig ehrfürchtigen Blick aufsetzen, spricht man vom *jamon serrano*, dem luftgetrockneten Schinken aus den Alpujarras oder aus Jabugo in der Sierra Morena, von Sherry oder *gaspacho*, jener erfrischenden und zum Teil ganz raffiniert zubereiteten Gemüsekaltschale.

In der meist nur Kennern vertrauten *ajo blanco*, einer wohlschmeckenden Abart der *gaspacho*-Suppe aus Wasser, Knoblauch, Mandeln, Brot und frischen Trauben, klingt etwas von der bekannten Kochkunst der andalusischen Hausfrau an. In einem typischen *cocido andaluz*, einer Eintopf-Suppe aus Kichererbsen, grünen Bohnen, Kartoffeln und Tomaten, verschmelzen die mißachteten *chorizo* und *morcilla* zu einem kräftigen Gesamtbukett der *cocina casera*, der gutbürgerlichen Küche.

Daß eine arme Küche, die im Hinterland weitgehend ohne Fleisch und Fisch auskommen muß, durchaus schmackhafte Gerichte auf den Tisch zaubern kann, mag Vegetariern ein besonderer Genuß sein. Solche Gerichte sind:

Alborronia – ein Gemüsegericht aus Auberginen, Zucchini, Tomaten, Zwiebeln, Knoblauch, evtl. Kürbis, kurz: eine Art andalusische Ratatouille.

Arroz à la cortigera – ein Reisgericht mit Tomaten, Zwiebeln und grünem Paprika.

Arroz jerezano – Reis mit angebräunten Zwiebeln und Sherry-Sauce.

Habas à la granadina – Saubohnen (oder grüne Bohnen) mit Schinken und Bergkräutern.

Habas à la rondeña – Saubohnen (oder grüne Bohnen) mit Zwiebeln, Tomaten, Schinken und gekochten Eiern.

Cazuela de judios verdes à la granadina – ein Eintopf aus grünen Bohnen, Tomaten, Artischocken und darüber einem Spiegelei.

Alcachofas à la montillana – Artischockenherzen mit Minze und Schinken.

Regelrechte Schmankerl sind alle *calderatas*, Topfgerichte mit Fisch oder Fleisch, aber auch *callos à la andaluza*, andalusische Kutteln in Tunke aus Tomaten, Zwiebeln, Kichererbsen und Schinken, *caracoles à la andaluza*, andalusischer Schneckentopf mit Sauce aus Tomaten, Knoblauch, Zwiebeln und gerösteten Mandeln, *chuleta de lechal al ajillo*, gebratene Milchlammkottelets in Knoblauch, *cochifrito de borrego*, Lammtopf mit Kartoffeln in Weinsauce, *cola de toro*, gebratener Stierschwanz, *cola de vaca* oder *buie à la jerezana*, Kuh- oder Ochsenschwanz in Sherry-Sauce, *conejo guisado con herbas*, Kaninchenbraten mit Kräutern, *cordero al ajillo*, Lammragout in Wein-Knoblauchsauce, und *rabo de toro estofado*, Schmorbraten aus Stierschwanz mit verschiedenen Gemüsen. Eine Glanzleistung der andalusischen Küche an Raffinesse und Zartheit ist beispielsweise *cordero à la miel*, geschmortes Milchlamm mit einer köstlichen süßsauren Sauce aus Weinessig und Honig.

Und erst die Fischgerichte! Vor allem die Atlantikküste schüttet ihr Füllhorn an ungezählten Arten von Meeresgetier über die andalusische Küchenplatte. Schon in der Antike war Andalusien dafür bekannt. Was der modernen Jugend ihr Ketchup, der einfachen deutschen Hausfrau ihr Maggi ist, war den Köchen im alten Rom ihr *garum*. Das begehrteste dieses unentbehrlichen *garum* kam aber aus Südspanien. Es war eine in großen Mengen geradezu industriell hergestellte Fischsauce vornehmlich aus Sardellen. Diese wurden gereinigt, ausgenommen, entschuppt, getrocknet, dann mit allerlei streng geheimgehaltenen Zutaten in einer Salzlake ausgekocht, anschließend mit Most versetzt, durchpassiert, abgekühlt und schließlich so lange abgeseiht, bis dabei eine nach unserem Geschmack sicher abscheulich schmeckende klare Brühe herauskam. Diese Fischbrühe, vergleichbar vielleicht der heutigen klaren Rinderbrühe, diente als Zusatz für tausenderlei Gerichte der römischen Küche. Zwischen Portugal und Alicante gab es eine Fülle von ausschließlich für den Export arbeitenden Großbetrieben, die einzig und allein *garum* produzierten. Im Ausgrabungsfeld von Bolonia bei Tarifa (2. Jh. n. Chr.) findet sich noch eine ganze Serie unmittelbar am Meer gelegener gemauerter Bassins, in denen die Fische gereinigt und getrocknet wurden, bevor man sie zu *garum* weiterverarbeitete.

Heute noch bildet alles Getier, das aus dem Meer kommt, den Hauptbestandteil der andalusischen Küche. Edle Speisefische wie Goldbrasse (*dorada*), Seehecht (*merluza*), Seezunge (*lenguada*), Seeteufel (*rape*) oder Zahnbrasse (*denton*) stehen in ebensolchen Unmengen zur Verfügung wie Muscheln (*moriscos*) und Meeresfrüchte aller Art, darunter Köstlichkeiten wie Meereskrebse (*cangrejos de mar*), Venusmuscheln (*almejas*), Meerdatteln (*datiles de mar*), winzige Weißgrundeln (*chanquetes*) oder kleine Tintenfische (*chipirones*), die *à la plancha* oder *al jerez* zubereitet ein ganz besonderer Gaumenschmaus sind.

Eine *calderata* auf Fischbasis, eine *cazuela de arroz à la malagueña* (Reispfanne mit Seehecht oder Seeteufel, Meeresfrüchten und Gemüse, das andalusische Gegenstück zu Paella), *cazuela de merluza* (das gleiche Gericht wie oben, nur mit Erbsen), eine *coquina à la andaluza* (Muschelsuppe mit Tomaten, Zwiebeln, grünem Paprika) oder eine *cazuela de fideos* (Fischtopf aus Fadennudeln, Muscheln, Stockfisch und Kartoffeln) sind unbedenklich zu empfehlende Spezialitäten, die, gekonnt zubereitet, Gaumenfreuden der französischen oder italienischen Küste um nichts nachzustehen brauchen.

Wie aber kommt Andalusiens Küche angesichts einer so langen Liste von Köstlichkeiten zu ihrem immer wieder bestätigten schlechten Ruf? Nun, wenn der Besucher Fisch nur fritiert, Lamm nur als gegrilltes Kotelett und die reichhaltige bürgerliche Küche fast gar nicht angeboten bekommt, dann liegt die Schuld woanders, nämlich bei der für die Präsentation der heimischen Küche zuständigen Gastronomie. Und die ist meist unzulänglich oder miserabel, Ausnahmen zugestanden. Das fängt beim Personal an. Die meisten Kellner haben keine fachliche Ausbildung. Dem Italiener ist das Bedienen in die Wiege gelegt, der französische Kellner hat es gelernt und genießt hohes gesellschaftliches Ansehen. Der Spanier hingegen tauge nicht zum Dienen, sagt man. Da haben wir es, das Hidalgo-Syndrom. Aber auch das Gaststättengewerbe selbst ist im europäischen Vergleich unterentwickelt. Das hat seine sozialhistorischen Gründe. Abgesehen von den *posadas*, die Überlandreisenden Kost und Logis sicherten, gab es früher kaum Speiselokale. Der Grande ißt zu Hause, nie mit oder unter dem Volk, dafür hat er schließlich ausgebildetes Personal. Und der kleine Mann war – und ist – froh,

Cordoba, Tapa-Bar in Patio

wenn er überhaupt etwas zu essen hat. Überflüssiges Geld zum Ausgehen hat er nicht. Die Grundlage für eine Restaurantkultur – eine zahlenmäßig ausreichende Kundschaft aus der gehobenen Mittelschicht – gab es bis vor kurzem in Andalusien nicht. Und die in jüngster Zeit wie Pilze aus dem Boden schießenden Restaurants in den touristisch frequentierten Küstenorten haben sich auf den internationalen Geschmack ihrer Kunden eingestellt. In den Restaurants von Torremolinos, Fuengirola oder Nerja kann man alles haben: vom angeblich chinesischen Chop Suey über italienische Pizzen bis zum Wiener Schnitzel – bloß keine andalusische Küche.

In den größeren Städten gibt es zwar, wenn auch noch nicht seit Generationen, sogenannte Spitzenrestaurants, doch nur die wenigsten von ihnen wie das San Marco in Sevilla, das El Faro in Cadiz oder das Almudaina in Cordoba verdienen dieses Prädikat wirklich. Die überwiegende Zahl der »Spitzenrestaurants« ist ihr Geld nicht wert. Dies gilt besonders für die Restaurants der sündhaft teuren Paradores, der staatlichen Hotels. Service, Angebot, Zubereitung, Ambiente und Preis stehen selten in einem angemessenen Verhältnis zueinander. Doch mit etwas Landeskenntnis und Restauranterfahrung kann man durchaus fündig werden. Am besten traut man sich, vorausgesetzt man will wirklich die Landesküche kennenlernen, in die kleinen Kaschemmen, wo unter der Woche die Arbeiter essen.

Der Kult der *tapas*

Ansonsten bleibt nur die klassische Form andalusisch zu essen, indem man sich auf die Suche nach guten Tapa-Bars begibt. *Tapa* heißt zunächst Deckel. Da man früher in spanischen Bars das Glas Wein oder Sherry mit einem Tellerchen, auf dem sich Oliven, ein Stück Wurst oder Käse befanden, als Deckel servierte, hat sich für die kleine Ration, den Happen zum Getränk, die Bezeichnung *tapa* eingebürgert. In den Provinzen Jaén und Granada bekommt man immer noch unaufgefordert zu jedem alkoholischen Getränk sein *tapa*. Wer also an der Bar mehrere Gläser zu trinken gedenkt, hat nach drei *finos* oder fünf *cervezas* bereits die entsprechende Menge kleiner *tapas* zu sich genommen. Wer aber Spezielles will – meist mit Kreide auf einer Tafel angezeigt – kann eine ganze oder halbe Portion (*racion*) zusätzlich bestellen. Sevilla gilt als Heimat und Eldorado der Tapa-Bars.

Da man ursprünglich *tapas* nur als Zugabe zu Getränken bekam, sind wir damit beim zweiten Bein Lukulls in Andalusien, nämlich bei den diversen Möglichkeiten, den Durst zu löschen. Das fängt beim Wasser an. Die Region verfügt über ausgezeichnete Mineralwasser (*agua mineral*), wie das aus den Alpujarras, genauer dem aus Lanjaron. Das Lanjaron gibt es in fast allen Städten als stilles (*sin gas*) und als perlendes (*con gas*) Wasser und hat einen angenehm erfrischenden, vollmineralischen Geschmack. Durst wird aber erst schön durch Bier (*cervezza*), so sagt man in meiner Heimat. Und das Erstaunliche ist: auch Spanien ist ein Bierland. Im Gegensatz zu Frankreich oder Italien herrscht hier eine richtige Bierkultur. Jede Bar verfügt selbstverständlich über frisches, richtig temperiertes Faßbier. Weder ein Dortmunder noch ein Münchner muß hier leiden.

Der Wein wäre in Andalusien ein Sonderkapitel wert. Der leichte, gefällige Tischwein ist hier der Ausnahmefall. Selbst der gemeine rote Landwein, der *tinto*, hat es in sich, was die Grade angeht. Er läßt sich aber gut spritzen. Die Weißweine im bergigen Hinterland von Malaga sind schwere Süßweine, zwar rein, aber nicht für den Konsum in größeren Mengen geeignet. Nur im Gebiet südlich von Cordoba werden leichtere, dem heutigen Geschmack entsprechende Weine gezogen. Der Ruhm Andalusiens als Weinland bezieht sich allerdings auf ein nur kleines, rund hundert Quadratkilometer großes Anbaugebiet, wo seit dem 16. Jahrhundert in einem auf der Welt einzigartigen Verfahren ein göttliches Getränk hergestellt wird.

Mehr als Wein – Sherry

Nur in diesem kleinen Weinanbaugebiet zwischen Atlantik, Guadalete und Guadalquivir können durch die besondere mineralische Beschaffenheit des Bodens und die Atlantikwinde die auch andernorts bekannten Rebsorten wie Palomino oder Ximenes eine Frucht heranreifen lassen, die dem Sherry seinen besonderen Geschmack verleiht. Ein Soldat aus dem Heere Karls V. mit Namen Peter Siemens (Pedro Ximenez) soll die nach ihm benannte Rebsorte vom Rhein mitgebracht und hierher verpflanzt haben.

Aber es ist nicht nur die besondere Frucht allein, die den Sherry entstehen läßt. Es ist auch die ganz einzigartige Aufbereitung. Lese und Vermostung laufen noch nach dem üblichen Verfahren der Weinherstellung ab. Erst wenn der angegorene Saft den Mostschuppen verläßt – immer in genau dosierten Mengen von jeweils einem Faß Beeren – beginnt die eigentliche komplizierte Prozedur der Sherry-Herstellung, die man Solera-System nennt. Solera kommt von *suelo*, zu deutsch Boden. In drei übereinandergelagerten Faßreihen (*criadaras*) wird der junge Wein »erzogen«, das heißt, wenn der Wein der obersten Reihe einen bestimmten Reife- und Geschmacksprozeß durchlaufen hat, wird genau die Hälfte des Faßinhalts in die darunterliegende Faßreihe gepumpt – und so fort, bis er im untersten Faß anlangt, dem am Ende ebenfalls nur genau die Hälfte seines Inhalts, der fertige Sherry, entnommen wird.

Weinlese bei Jerez

Der Zweck dieser »Erziehung« des Weines liegt darin, am Ende des Verfahrens unabhängig vom Jahrgang immer den gleichen Sherry mit gleichem Geschmack zu gewinnen. Das Verfahren findet nicht in kühlen Kellern, sondern ebenerdig in sogenannten *bodegas* statt. Den entscheidenden Anteil am Sherry-Verfahren hat ein Pilz, dessen geschmackbildender Flor nur bei einem ständig gleichbleibenden Alkoholgehalt von 14 bis 15 Grad wirkt. Man muß also peinlich darauf achten, daß die Alkoholbildung konstant bleibt. Acht Jahre dauert der Prozeß. Was dann zum Schluß mit immer gleichem Geschmack herauskommt, macht den Weltruhm des sogenannten Sherry-Dreiecks zwischen Jerez de la Frontera, Sanlucar de Barrameda und Puerto de Santa Maria aus.

Die ersten Großimporteure dieses Göttergetränks waren die Engländer. Weil diese den Namen Jerez nicht richtig aussprechen konnten, wurde daraus Sherry. So närrisch waren die Engländer nach diesem besonderen Wein, daß einige von ihnen die Produktion selbst in die Hand nahmen, so daß noch heute manche Sherry-Barone wie Sandeman oder Osborne eigentlich britischer Herkunft sind.

Echten Sherry gibt es als halbtrockenen *oleroso* und als trockenen *fino*. Das geschmackliche Pendant zum *fino* heißt in Sanlucar de Barrameda *manzanilla*. Besonders lang, also mindestens sieben Jahre im Faß gezogener *fino* trägt den Namen *amontillado*. Der *fino* eignet sich ausgezeichnet zu Fisch und *tapas* aller Art. Der *oleroso* erfreut sich als Aperitif großer Beliebtheit. Seines hohen Alkoholgehaltes wegen sollte man den Genuß aber wohlbedacht dosieren. Schlecht »erzogener« Sherry, der nicht die gewünschte Qualität erreicht hat, wird nach einem der Gin-Herstellung ähnlichen Verfahren in Brandy umgewandelt. Ein jüngeres, eher modisches Produkt ist der *cream*, ein arg süßliches Gebräu – dem Liebhaber des echten *fino* ein Greuel.

Gibraltar – Von den »Säulen des Herkules« zum Zankapfel der Nationen oder: Wo standen sie wirklich, die Säulen des Herkules?

Die Bucht von Algeciras nach Osten dramatisch abschirmend und nur durch eine schmale Nehrung mit La Linea auf dem Festland verbunden, erstreckt sich der sechs Kilometer lange erratische Felsblock aus Jurakalk in exakter Nord-Süd-Richtung. In der Gorham's Cave sind Skelettreste vom Neandertaler gefunden worden. Vom Mousterien bis ins 12. Jahrhundert unserer Zeitrechnung blieb der Felsen praktisch unbesiedelt. Den Phönikern war Gibraltar unter dem Namen Calpe bekannt.

Irgendwann in nicht konkret auszumachender Zeit wurde der markante Steinbrocken zusammen mit dem auf afrikanischer Seite gelegenen Ibel Musa, der sich beachtliche 842 Meter über den Meeresspiegel erhebt, mit den Säulen des Herkules gleichgesetzt. Die aber standen woanders – zumindest nach der Ansicht jüngerer Altertumsforscher, die diese mit einleuchtenden Argumenten in Cadiz ansiedeln. Nachdem die Phöniker um

Gibraltar

Bucht von Algeciras mit Felsen von Gibraltar ►

1100 v. Chr. die Handelsniederlassung Gadir (Gadeira, Gades) gegründet hatten, errichteten sie auf einem Vorkap dem Herkules einen gewaltigen Tempel. Dieser war demnach nach heutigen Erkenntnissen das älteste bekannte und größte Herkules-Heiligtum der Antike. Vor diesem Tempel standen – vom Meer aus von weitem sichtbar – zwei riesige Bildsäulen, deren eine Herkules trug. Diese »Säulen des Herkules« waren so etwas wie das Wahrzeichen der Stadt Gades und galten als Synonym für diese. Als die Phöniker Ende des 6. Jahrhunderts v. Chr. mit Römern und Griechen jenen Vertrag abschlossen, demzufolge den letzteren jegliche Seefahrt auf dem Atlantik verboten war, galten die Säulen des Herkules, also Gades, als Markierung des berüchtigten »non plus ultra«.

Aus handelspolitischen Gründen war den anderen seefahrenden Völkern des Mittelmeeres das Anlaufen von Gades selbstverständlich gestattet, nur weiter durften sie eben nicht. Vom Felsen von Gibraltar, der ja Calpe hieß, und der Straße von Gibraltar war nicht die Rede. Nachdem der Tempel des Herkules verfallen und der Herkules-Kult in Vergessenheit geraten war – die wirklichen Säulen also nicht mehr existierten –, deutete man die beiden markanten Berge beiderseits der Meerenge als »Säulen« des Herkules. Allerdings wurden noch Mitte des 16. Jahrhunderts am Nordportal der Kathedrale von Almeria die »Säulen des Herkules« als zwei echte ionische Säulen dargestellt – nicht als Felsen oder Gebirge!

Obwohl der Berbergeneral Tarik ibn Ziyad 711 mit seinen Truppen zur Eroberung Iberiens am Fuße des Felsen landete, blieb letzterer selbst weiterhin unbesiedelt. Seinen Namen aber hat er noch heute dem Berbergeneral zu verdanken, denn Gibraltar ist eine Verballhornung von Dschebel al-Tarik, Berg des Tarik. Erst die Almohaden errichteten dort nach 1160 Burg, Moschee und Wasserleitungssystem. Abgesehen von der kurzzeitigen Eroberung 1309 durch die Kastilier blieb der Felsen, nun als trutziger Militärstützpunkt, bis 1462 im Besitz der Mauren. Alle aus islamischer Zeit stammenden Überreste wie Mauer, Alcazar mit Torre de Homenaje, Moschee oder arabisches Bad rühren von der Neubebauung ab 1330 unter den Meriniden-Herrschern von Fès.

240 Jahre blieb Gibraltar spanisch. Im Spanischen Erbfolgekrieg eroberte Admiral Rooke 1704 mit einer britisch-niederländischen Flotte den strategisch so wichtigen Felsen, der dann im Frieden von Utrecht (1713) den Engländern zugestanden wurde. Im Zweiten Weltkrieg hatte die Bastion Gibraltar kriegsentscheidende Bedeutung. Nun ist der Militärstützpunkt Gibraltar mit fast 300 Jahren länger im Besitz Großbritanniens als er jemals Spanien gehört hat. Daran wird sich auch nichts ändern. Die Bevölkerung von rund 20.000 Einwohnern, ein Gemisch aus Briten, Spaniern, Juden und Marokkanern, lebt in glaubenstoleranter Eintracht zufrieden unter britischer Flagge und hat sich in einem Volksentscheid von 1967 fast einstimmig für den Verbleib im British Empire entschieden.

Obwohl Gibraltar politisch nicht zu Andalusien gehört, lohnt sich ein Tagesausflug zum »Affenfelsen«. Nach der Entbehrung eines ausgiebigen Frühstücks in Andalusien ist für manchen schon die Einnahme eines typischen *English breakfast* mit *ham and bacon, tea, toast,* gesalzener Butter und *marmelade* eine willkommene Abwechslung auf dem Speiseplan. Von den Alameda Gardens führt ein *cable car*, eine Schwebebahn, hinauf zunächst zur Mittelstation, wo die einzigen wildlebenden Affen Europas, die Barbery Apes, die große Attraktion darstellen, und dann weiter hinauf zum ca. 450 Meter hoch gelegenen Belvédère. Die maurische Alcazaba mit Moorish Castle, Tower of Homage und Stanley's Tower, die Gorham's Cave mit den frühgeschichtlichen Funden, die neuzeitlichen Befestigungsanlagen der Upper Galeries, der Shrine of Our Lady of Europe, eine 1462 in eine katholische Kapelle umgewandelte Moschee, St. Michael's Cave, eine großartige Tropfsteinhöhle, und das Museum in den nach 1330 entstandenen arabischen Bädern sind Attraktionen genug, um einen »Gibraltar-Tag« zu empfehlen.

Für schnellentschlossene junge oder alte Heiratswütige bietet Gibraltar einen weiteren Anreiz, denn sie müssen nicht erst nach Gretna Green fahren. Das neue Heiratsparadies Europas heißt Gibraltar. Paß genügt. Für die fünfzehnminütige Zeremonie braucht man umgerechnet nur bescheidene 225 Mark entrichten. Billiger und schneller geht's nicht.

Junge Andalusierin

Carmen lebt

Als der Schriftsteller, Politiker und erste französische Denkmalpfleger Prosper Mérimée 1845 seine Meistererzählung *Carmen* veröffentlichte, war dies zwar in Pariser Intellektuellenkreisen ein viel gelobtes Werk, aber erst dreißig Jahre später, mit der Opernfassung des Themas durch Bizet, wurde *Carmen* zum Welterfolg und zum Stoff der Weltliteratur. Ein neuer Mythos war geboren, den Nietzsche in seiner vollen Tiefe begriffen und bedenkenlos gegen Wagner ausgespielt hat. Was Nietzsche über die Musik der Oper schrieb, trifft auch den Kern der Titelfigur Mérimées: » (...) endlich die Liebe (...) die Liebe als Fatum, als Fatalität, zynisch, unschuldig, grausam – und eben darin Natur. Die Liebe, die in ihren Mitteln der Krieg, in ihrem Grunde der Todhaß der Geschlechter ist.«

Die spanischen Schriftsteller oder Literaturhistoriker konnten dem Stoff nichts abgewinnen, sie leugneten seine spanische Natur. Sein Urheber sei Ausländer, das darin vorgestellte Spanienbild sei eine Verzerrung der Realität und entspräche den Vorstellungen von Spanien als einem rückständigen Land – mit dem der Romantik so teuren Schuß Exotik und Orient –, die in den Pariser Salons kursierten, die Geschichte sei nicht authentisch, die Hauptfigur sei eine Kunstschöpfung, eine bloße Fiktion, und böte den Spaniern daher keine Möglichkeit der Identifikation. Doch das Räsonieren über die Authentizität der Geschichte und die Ablehnung der Kunstfigur Carmen hat sich von selbst überlebt, wie das erstaunliche Carmen-Revival der achtziger Jahre gezeigt hat. Große Künstler der Bühne, des Tanzes und des Films wie Peter Brooks, Antonio Gades, Marcel Marachal, Francesco Rosi oder Carlos Saura haben dieser Anti-Figur, dem Macho-Weib Carmen, zu neuem Weltruhm und zu neuer Aktualität verholfen. Carmen lebt, vital wie nie zuvor – und dies nicht nur auf der Bühne oder im Film.

Auch der Vorwurf der fehlenden Authentizität läßt sich nicht mehr aufrechterhalten. Zigeuner, Schmuggler, Banditen, Toreros, öffentliche Hinrichtungen usw. gab es zur Zeit der Entstehung der Erzählung in Spanien tatsächlich, vor allem in Andalusien. Prosper Mérimée war ein ausgezeichneter Landeskenner. 1830 und 1840 hatte er zwei ganzjährige Spanienreisen unternommen und intensive landeskundliche Studien betrieben. Die Berichte von seiner ersten Spanienreise, 1831 in der *Revue de Paris* erschienen, handeln von Straßenräubern, öffentlichen Hinrichtungen, Stierkämpfen und Zigeunern. Die Geschichte der Carmen hat ihm in Granada die Gräfin von Montijo, eine Spanierin also, erzählt. Natürlich hatte Mérimée den Stoff literarisch behandelt und auf die Gestalt der *femme fatale* hin dramatisch gestrafft. Die Handlung hat laut Nietzsche »von Mérimée die Logik in der Passion, die kürzeste Linie, die harte Notwendigkeit«, die das Drama braucht. Wie das männliche Gegenstück Don Juan notorisch gegen alle geltenden Moralvorstellungen verstößt und sich dies als Adeliger auch leisten kann, so lebt Carmen in einem urzeitlichen, moralisch luftleeren Raum nur sich selbst. Ihre Liebe ist heftig, aber zeitlich begrenzt und für José ebenso wie für Carmen selbst tödlich. Das von Mérimée gewählte griechische Motto zeigt die Tendenz des Tragischen. Allein schon als Gegenstück zu Don Juan, dem anderen neuzeitlichen Mythos, ist Carmen Andalusierin. Eine solche Kunstfigur, ein solches archetypisches Weib, das die höchste Leidenschaft in der Liebe und zugleich das Verhängnis, den Tod, in sich trägt, bedurfte eines entsprechend urwüchsigen, archaischen Lebensraums. Das Andalusien des 19. Jahrhunderts hat Bühnenbild und Komparsen dazu gestellt.

Allein die Häufigkeit des Namens Carmen, die nicht zuletzt der Berühmtheit und Beliebtheit dieser Figur zu verdanken ist, zeigt, wie sehr die Spanier diese Gestalt als eine der ihren angenommen haben. Die Sevillaner haben ihr der Maestranza gegenüber gar ein Denkmal errichtet. Neuerdings hat Carmen in dem gebürtigen Andalusier und Professor für spanische Literatur in Cadiz, Alberto Gonzales Troyano, einen streitbaren Fürsprecher gefunden. Troyano begründet das Carmen-Revival der letzten Jahre als Teil jener natürlichen Reaktion einer Region, die ihren überaus reichen Schatz an Volkstraditionen bedroht sieht durch die mit der Öffnung Spaniens nach Francos Tod einhergehenden Internationalisierung und damit Nivellierung angestammter Lebensweisen,

Sevilla, alte Tabakfabrik, heute Universität

Sitten und Gebräuche. Je mehr ein ausgeprägtes und starkes Volkstum sich in seiner Identität bedroht fühlt, desto heftiger reagiert es durch Betonung eben dieser Eigen- und Besonderheiten. Die Flamenco-Renaissance seit den fünfziger Jahren, das Carmen-Revival in den achtziger Jahren und manches andere ist in diesem Zusammenhang zu sehen.

Schlendert man heute durch die zahlreichen Innenhöfe der Tabakfabrik zu Sevilla, wird man dort keine Tabakarbeiterinnen mehr finden. Die alte Carmen ist ausgezogen, bereits 1954. Die jetzige Nutzung dieses zweitgrößten Profanbaus Spaniens nach dem Escorial als Hauptgebäude der Universität hat ihm aber Tausende neuer Carmens zugeführt. Betrachtet man mit Muse und Genuß diese jungen glutäugigen, kirschlippigen und bildhübschen Gestalten, die sich da völlig ungezwungen in Aulen, Gängen oder Höfen tummeln, bewußt ihre verführerischen Körper einsetzend und bewegend, kann man sich gut vorstellen, daß da die eine oder andere Carmen dabei ist, die wie ihre literarische Vorgängerin bei sich denkt, »wir sind nicht gemacht, Kohl zu bauen«. Die Vorstellungen von ihrer Selbstverwirklichung als Frau sind selbstbewußter, moderner, freizügiger geworden. Das Heimchen am Herd umgeben von einer Schar brüllender Kinder hat als Ideal wohl endgültig ausgedient. Man kann sich gut vorstellen, daß nach einigen Wochen, Monaten oder Jahren leidenschaftlichen Zusammenlebens die eine oder andere dieser neuen Carmens schonungslos, offen und knallhart ihrem José entgegenschleudert: »Weißt du, daß ich dich, seit du wirklich mein *rom* bist, weniger liebe als früher, als du mein *minchorro* warst? Ich will nicht gequält, schon gar nicht kommandiert werden. Ich will frei sein und tun, was mir gefällt (...) Nimm dich in acht, wenn man mir verbietet, etwas zu tun, ist es bald getan (...) Dich noch zu lieben ist unmöglich. Mit dir leben will ich nicht!« Und dann wird der betroffene José oder Lover, so müßte man heute wohl sagen, mit Weißglut im Gesicht zwar nicht das Messer zücken, aber alle möglichen Drohungen ausstoßen, womöglich gar gewalttätig werden. Aber aus ist es.

Was zwischen 1830 und 1845 als Artefakt, als Kunstfigur entstand, gewann anderthalb Jahrhunderte später reale Gestalt. Da lebt sie nun, die neue Carmen. Ganz Fleisch und Blut. Große Kunst ist prophetisch. Aus Kunst wird Leben. *Carmencita.*

»Weiße Dörfer« und (noch) viel Natur

Die »Route«

Neben Corridas und Flamenco, Sherry und Schinken, Maurenprunk und Dichterstolz gelten die »Weißen Dörfer« als weitere Eigentümlichkeit des Landes. Jährlich verteilt das staatliche Fremdenverkehrsamt der Junta de Andalusia Abertausende von Prospekten mit dem Titel »Route der Weißen Dörfer«, die diese somit weltweit als ein zusätzliches Markenzeichen Andalusiens kolportieren.

Die »Weißen Dörfer« durchziehen wie das Myzel eines geheimnisvollen Pilzes die südlichen Ausläufer der Betischen Kordillere. Das heißt aber nicht, daß die »Weißen Dörfer« auf diese Mikro-Region beschränkt wären, denn im Grunde sind alle andalusischen Siedlungen weiße Dörfer. Aber nur hier, eben in der wildromantischen Serrania de Ronda durchsetzen diese weißen Tupfen das bewegte Bild der von den Menschen okkupierten Natur wie ein Leitmotiv. Überdimensionalen Taubenschlägen gleich nisten die weißen Dörfer auf den Hügelkuppen, oft nochmals bekrönt von einer Kirche und ehemaligen Maurenburg, und setzen einen lichtvollen Akzent in das grüne, ockerfarbene oder rote Passepartout ihrer Umgebung. Es ist müßig, wenn nicht unmöglich, aus diesem weißen Reigen den einen oder anderen Ort hervorheben zu wollen. Ob Arcos de la Frontera, Medina Sidonia oder Vejer de la Frontera im Westen, ob Zahara, Olvera oder Setenil im Norden oder Benadolid, Algatozin, Gaucin oder Casares im Süden der Serrania de Ronda: alle bieten sie das unvergeßlich malerische Fernbild leuchtender Schöpfungen in einer grandiosen Landschaft.

Andalusiens Vorreiterrolle im Naturschutz

Nebenbei bemerkt sind die abseits des Touristenrummels und Wirtschaftsbooms gelegenen Dörfer wahre Schatzhäuser an alten Gebräuchen, Ritualen, Arbeitsformen sowie Arten der Lebenshaltung. Dem Volkskundler bieten sie Einblick in die meist noch ursprüngliche Lebensweise Alt-Andalusiens. Doch es wäre grundfalsch, die Welt der »Weißen Dörfer« nur derentwillen zu besuchen. Was sie so malerisch und erlebenswert macht, ist ja gerade die sie umgebende natürliche Kulisse. Allein dieser Dialogpartner der weißen Dörfer, die allgegenwärtige grandiose Natur, verdiente den Besuch der südlichen Betischen Kordillere, die sich um die Serrania de Ronda gruppiert.

Benadalid

Almogia

Dies gilt auch für ganz Andalusien. Der Abwechslungsreichtum und die Fülle der verschiedensten Landschaftsformen ließ nicht nur eine für ganz Spanien einzigartige Vielfalt von seltenen, zum Teil endemischen Tier- und Pflanzenarten leben, sondern könnte auch zur Attraktion eines neuen umweltbewußten oder, wie man heute sagt, »sanften« Tourismus werden. Die andalusische Regionalregierung hat da durch gesetzgeberische Maßnahmen und finanzielle Zuschüsse in den letzten beiden Jahrzehnten Vorbildliches geleistet und im einen oder anderen Fall dem Raubbau an der Natur einen Riegel vorgeschoben. Zur Zeit gibt es 17 Arten- oder Naturschutzzonen sowie regionale Natur- und Nationalparks. Viele weitere Projekte sind in Planung oder schon in Vorbereitung.

Was die »Route der Weißen Dörfer« sonst noch zu bieten hat.

Bleiben wir noch ein wenig im Bereich der »Route« und betrachten die nur zwölf Kilometer Luftlinie südwestlich von Ronda in der Sierra de Libar gelegene Grotte von Pileta (Cueva de Pileta). Diese Grotte birgt – ähnlich der bei Nerja – einen kulturhistorischen Schatz ersten Ranges, nämlich die ältesten Höhlenmalereien Südspaniens in der Tradition der weltberühmten Malereien des Magdalenien von Altamira und Lascaux. In der Cueva de Pileta finden wir u.a. in ganz naturalistischer Wiedergabe das älteste Konterfei des andalusischen Pferdes.

Wiederum nur rund zwölf Kilometer Luftlinie westlich der Cueva de Pileta hält die Sierra de Grazalema eine weitere Rarität für den botanisch Interessierten bereit. In der Sierra de Grazalema oder Sierra de Zafalgar treffen die feuchten, niederschlagbringenden Atlantikwinde auf die erste größere Erhebung, den Pico de Torreon (1655 m), wo sie dann auch meist abregnen. So verzeichnet die Sierra de Grazalema die höchste Niederschlagsmenge der Iberischen Halbinsel. Aus diesem Grund konnte hier – und nur hier, eine Tannenart des Tertiär, die sonst überall bereits ausgestorben ist, die Pinsapotanne, auch Igeltanne genannt, überleben. Am Nordhang der Sierra del Pinar, an der Straße von Zahara nach Grazalema, findet sich mit rund 300 Hektar der größte Bestand dieser botanischen Seltenheit. Nach 1947 wurde die Sierra de Grazalema von der UNESCO zur Biosphärenreserve erklärt und von Andalusien zum Regionalen Naturpark erhoben. In den Sommermonaten ist der akuten Waldbrandgefahr wegen das Betreten dieser extremen Schutzzone strikt verboten.

Korkrindenstapel

Zahara de las Sierras

Ganz im Süden der Serrania de Ronda, zwischen Castellar de la Frontera und Estacion de San Roque, liegt ein weiteres Schutzgebiet, der 1.700 Quadratkilometer große, 1989 zum Naturpark erklärte Parque Nacional Los Alcornocales (*alcornoque* bedeutet Korkeiche). Es beherbergt einen der größten Korkeichenbestände der Erde außerhalb Portugals. Die Korkeiche ist neben der Steineiche eine der wichtigsten Baumarten der mittelmeerischen Flora Spaniens. Wo stark silikathaltige Böden mit mediterranen Temperaturen und atlantischer Feuchtluft zusammentreffen, wächst die Korkeiche am ungehemmtesten. Hier kann sie bis über zehn Meter Höhe erreichen und somit eine für die wirtschaftliche Nutzung optimale Rindendicke von sieben bis zehn Zentimetern entwickeln. Weitere Nutzungsmöglichkeiten bieten die lichten Korkeichenwälder für die Eichelmast des iberischen Schweins. Und dem Naturfreund wird es eine zusätzliche Freude bereiten, dem grellgezeichneten Wiedehopf, der edelgetönten Blaumerle oder dem exotisch bunt gefärbten Bienenfresser zu begegnen.

Stars und Unbekannte

Ein Gutteil der andalusischen Naturschönheiten sind längst weltberühmt und entsprechend frequentiert. Zu diesen touristischen Attraktionen zählt zunächst der mittlere Abschnitt der andalusischen Küste, die Costa del Sol. Dieser begnadete Landstrich mit seiner schier ewigen Sonne und seinen windgeschützten Stränden vor der imposanten Kulisse der südlichen Ausläufer der Betischen Kordillere war jahrzehntelang der Stolz der Fremdenverkehrswerbung. Da aber die angesprochene Zielgruppe, die Badeurlauber, gleichzeitig die impertinentesten Vertreter des Massentourismus stellt, war es bald um den natürlichen Schatz geschehen. Was aus ihr geworden ist, kann man auf der Fahrt von Motril über Malaga bis Estepona nur noch zur Kenntnis nehmen. Einen Grund ungetrübter Freude gibt es angesichts der total zubetonierten Küste nicht mehr. Und die Costa del Sol ist leider kein Einzelfall.

Wüste bei Tabernas

Mini-Hollywood

Von der Costa del Sol aus erschlossen und längst kein Geheimtip mehr sind die bemerkenswerten landschaftlichen Attraktionen des Hinterlandes, vor allem die nur rund fünfzig Kilometer landeinwärts bei Antequera gelegenen bizarren Kalksteinformationen und -auswaschungen des Torcalgebirges, die mit ihrer Enge geradezu beklemmende Chorro-Schlucht, die schon manchem Abenteuerfilm ihre Kulisse borgte, sowie die vier lieblichen Stauseen am Guadalhorce. Gottlob (noch) weniger bekannt ist die Laguna de Fuenta Piedra nordwestlich von Antequera, der zweitgrößte Salzsee Spaniens mit dem einzigen ständigen Nistplatz von Tausenden von Flamingos auf der Iberischen Halbinsel.

Das gewiß eindrucksvollste Panorama Andalusiens aber bietet die fast ganzjährig schneebedeckte Sierra Nevada. Daß sich am Fuße ihrer beiden höchsten Gipfel, des Mulhacen und des La Veleta, ein ebenfalls fast ganzjähriger Skizirkus etabliert hat, mag den einen oder anderen Naturschützer stören, doch solange sich die Skifahrer auf einer zusammenhängenden, natürlichen Schneedecke bewegen, können sie nicht allzuviel zerstören – und aus der Ferne sieht man sie ja nicht.

Vom (fast) ewigen Schnee bis zur einzigen Wüste Europas – den Erosionsketten der Sierra de los Filabres und der Sierra de Alhamilla –, auch dort haben Badegäste wie Studienreisende sich längst eingefunden, nicht zuletzt der zwei verbliebenen »ghost towns« zahlreicher Western- und Wüsten-Filme wegen. Hollywood, wenn auch nur als Mini-Ausgabe, verliert halt nie seine Anziehungskraft. Um die uralten wirtschaftlichen Probleme der Provinz Almeria oder um deren zum Teil nicht weniger problematische Lösungen wie Ackerbau unter Plastikfolien mit bis zu drei Ernten pro Jahr schert sich niemand.

Daß auch die Provinz Almeria neidvoll auf die touristisch so erfolgreiche benachbarte Costa del Sol blickend mit gutem Recht auch ihre Sonnenküste ins Geschäft bringen will, kann ihr niemand verdenken. Doch die Eröffnung des neuen Flughafens Almeria verheißt nichts Gutes. Schließlich bedroht dieses Projekt einen der beiden letzten bislang vom Tourismus weitgehend verschonten und zugleich schönsten Küstenabschnitte Andalusiens, nämlich das Gebiet ums Cabo de Gata. Der notorische Wassermangel und die schlechte Verkehrsanbindung halfen bisher, das Schlimmste zu verhüten. Endlich hat nun auch die Regionalregierung die Alarmzeichen gehört und das Gebiet um das Cabo de Gata zur Naturschutzzone erklärt. Das läßt hoffen. Vielleicht hat man nun doch aus Fehlern der Vergangenheit gelernt.

Ein weiterer noch weitgehend unverbauter Küstenabschnitt von imponierender Schönheit ist der zwischen Algeciras und Tarifa an der Straße von Gibraltar. Hier ist nichts zu befürchten, denn das Gebiet ist strengstes militärisches Sperrgebiet. Dieser Küstenabschnitt ist vor allem für Ornithologen des hier zweimal jährlich passierenden Vogelzuges wegen von höchstem Interesse.

Cabo de Gata, Bucht bei San José

Felsformationen des Torcalgebirges

El Torcal, Blick auf die Sierra de las Cabras

Coto de Doñana, Marismas bei El Rocío

Der Pilgerort El Rocío

Chorro-Schlucht

Nationalpark Coto de Doñana

Was über die Küste zwischen Algeciras und Tarifa gesagt wurde, gilt auch für das Delta des Guadalquivir. Der als Coto de Doñana bezeichnete Bereich des Mündungsgebietes ist Spaniens größter und bekanntester Nationalpark und zugleich Andalusiens Vorzeigestück in Sachen Umwelt- und Naturschutz. Spät, dann aber energisch, haben Bevölkerung und Staat reagiert. Bis dahin allerdings hatte größte Gefahr bestanden für dieses einzigartige Stück Natur.

Bis 1928 hatten weite Teile des Mündungs-Deltas zu den immensen Ländereien der Herzöge von Medina-Sidonia gehört, denen dieser wirtschaftlich uninteressante Landstrich als privates Jagdrevier diente. Nach dem Landschlößchen, das man hier im 16. Jahrhundert der Herzogin Doña Ana errichtet hatte, nahm das Terrain bei der Bevölkerung den Namen Coto (Jagdrevier) de Doñana an. Der 1624 erweiterte Bau ist heute Kernstück des Nationalparks und Sitz der staatlichen Naturschutzbehörde Icona sowie eines biologischen Forschungszentrums. 1928 gelangte das Revier in Besitz der Jerezaner Sherry-Familie Gonzales, die hier ebenfalls der Jagd frönte. Doch nach und nach, vor allem seit den fünfziger Jahren, drohte die von Norden, also vom Binnenland her zunehmende landwirtschaftliche Erschließung der Mündungsniederungen das ganze Delta zu vereinnahmen.

Die Berichte international renommierter Botaniker, Zoologen und Ornithologen, die hier zwischen 1956 und 1957 mehrere Expeditionen unternommen hatten, alarmierte die Naturschützer. Eine der ersten Großtaten des 1961 gegründeten World Wildlife Fund, heute World Wide Fund for Nature (WWF), bestand 1964 in der finanziellen Unterstützung des Ankaufs von zunächst 6.800 Hektar Land durch den spanischen Forschungsrat (C.S.J.C.). Vier Jahre später wurde diese erste Parzelle als Nationalpark ausgewiesen und auf 37.425 Hektar erweitert. Schließlich erfolgte die Erweiterung der Schutzzone auf ihre heutige Größe von 74.000 Hektar.

Gerettet war damit aber noch lange nicht alles. Probebohrungen durch Ölgesellschaften, Verbauung der Küste bei Matalascañas durch Hotels, geplante vierspurige Küstenstraße zwischen Matalascañas und Sanlucar de Barrameda, Absenkung des Grundwasserspiegels durch Trockenlegung benachbarter Agrarzonen, Verschmutzung und Vergiftung durch chemische Abwässer von Anrainern am Oberlauf des Guadalquivir usw. waren nach

Coto de Doñana, Wanderdüne

wie vor virulente Gefahren. Die drei Erstgenannten sind mittlerweile gebannt. Das aus drei Zonen – Wanderdünen, Busch- bzw. Pinienwaldgürtel und Sumpfgebiet (*marismas*) – bestehende Delta zählt zu den wichtigsten Feuchtgebieten Europas. Sein Artenreichtum ist einmalig. Je nach Bodenbeschaffenheit und Jahreszeit finden sich hier verschiedene Formen der Zistrose, des Erdbeerbaums, der Schirmpinie, der Korkeiche (Nistplatz der Reiher), der Besenheide, des Schupflavendel, des Mastixstrauchs, des wilden Olivenbaums sowie alle Arten des mediterranen Trockenbuschs. Von den 28 ständig hier beheimateten Säugetierarten wie Rot- und Damwild, Wildschwein, Fuchs oder Manguste sind die absoluten Stars an Seltenheit die Ginsterkatze, die nur nachts unterwegs ist, und der Pardellux. Ideale Bedingungen finden hier zudem Amphibien und Reptilien. Besonders verbreitet sind die Vipernnatter, die Eidechsennatter, die Stülpnasenotter und die maurische Landschildkröte.

Unüberschaubar aber ist der Reichtum an Vogelarten. Alle Feuchtgebietsnister wie Flamingos, Seidenreiher, Purpurreiher, Löffler, Stelzenläufer, Störche, Graugänse und Enten leben hier wie im Paradies. Wiedehopf und scheuer Triel fühlen sich hier ebenso wohl wie andernorts fast ausgestorbene Arten, z.B. das Purpurhuhn, die Marmelente oder der Kolkrabe.

24 der 38 Arten europäischer Taggreifvögel leben ständig hier, beispielsweise schwarze und rote Gabelweihe, Schlangenadler, Zwergadler und Mönchsgeier. Der Star aber ist der ausgefärbte Spanische Kaiseradler.

Dieses wahre Schatzhaus der Natur weckt natürlich die Begehrlichkeit spanischer wie ausländischer Touristen. Doch die Hüter des Schatzes sind konsequent. Das Reservat ist für die Tiere und Pflanzen da, nicht für den Menschen. Dieser darf den Nationalpark im wahrsten Sinne des Wortes nur als Zaungast erleben, und zwar sowohl in den am Rand der Schutzzone eingerichteten Besucherzentren Acebuche und La Rocina als auch in der Coto del Rey genannten Zone beim Dorf El Rocío. Die organisierten vier- oder siebenstündigen täglichen Landrover-Fahrten führen ein Stück in die Dünen- und Marismenzone, doch sie sind teuer und erfordern eine entsprechend lange Voranmeldung. Von Mitte Juni bis Mitte September ist von einem Besuch der Coto de Doñana gänzlich abzuraten.

Zwei Geheimtips:
Westliche Sierra Morena und Sierra de Cazorla

Während die erwähnten landschaftlichen Höhepunkte wie die Chorro-Schlucht, die Wüste oder die schneebedeckten Berge der Sierra Nevada längst unter ihrem ständig wachsenden Bekanntheitsgrad leiden, können sich zwei Landschaften noch weitgehend in ihrer touristischen Ungestörtheit präsentieren: die westliche Sierra Morena und die Sierra de Cazorla. Die Sierra Morena scheint zwar auf den ersten Blick wenig attraktiv zu sein, doch bildet dieses älteste und längste Gebirge der Iberischen Halbinsel nicht nur die natürliche Barriere zwischen Zentral- und Südspanien, sondern ist durch seine besonderen mineralischen und klimatischen Bedingungen auch ein riesiges Bioreservat geblieben. In den Jahrmillionen seit seiner Entstehung im Paläozoikum hat die Erosion die einst kantigen und vielgestaltigen Berge zu einem sanft geschwungenen Hügelland von durchschnittlich tausend Meter Höhe abgeschliffen. Der aus Schiefern und Quarziten bestehende steinige Boden läßt nur flachgründige Krume entstehen, so daß eine intensive landwirtschaftliche Nutzung von jeher nicht möglich war. Lediglich der hohe Gehalt an Kupferpyrit, Blei- und Eisenerzen hat seit frühester Zeit, das heißt schon seit dem 3. Jahrtausend v. Chr., den Menschen angelockt. Ansonsten haben die spärlich siedelnden Menschen im Lauf von Jahrtausenden durch extensive Weidewirtschaft (Ziege, Schaf, Rind, Schwein) eine den natürlichen Verhältnissen entsprechende Nutzungsform entwickelt. Lichte Steineichenhaine (*dehesas*) prägen das Landschaftsbild. Von besonderer Bedeutung sind die *dehesas* für die Aufzucht des spanischen Kampfrindes und für die Schweinehaltung. Das dunkle iberische Schwein wird einige Wochen, bevor es seiner Bestimmung als Schinkenlieferant zugeführt wird, in die Steineichenhaine gelassen, damit es sich durch die natürliche Eichelmast Festigkeit und Schmackhaftigkeit seines Fleisches anfrißt. Nicht umsonst gilt der luftgetrocknete Schinken von Jabugo als der beste *jamon serrano* Spaniens.

Durch die extensive Weidewirtschaft und ihre bevorzugte Nutzung als Jagdgebiet war die Sierra Morena ein Bioreservat ersten Ranges, das als solches offiziell anerkannt und in seinem Bestand garantiert wurde, als sein westlicher Teil um Aracena 1989 zum Parque Nacional de Aracena y Picos de Arache erklärt wurde.

Neben der Steineiche bestimmen auch andere typisch mediterrane Pflanzen wie Korkeiche, Edelkastanie, Lackzistrose, Ginster, Baumheide und Rosmarin das Bild der Vegetation. Besonders prächtig bietet sich im Winter der Erdbeerbaum mit seinen leuchtend roten Früchten den Augen dar. Auch die Tierwelt findet ungestörte Verhältnisse vor, so daß sich hier anderswo selten gewordene oder gar ausgestorbene Arten wie Schwarzstorch, Schildkröten, Walzenskink, Rotwild, Wolf, Fischotter, Ginsterkatze, Luchs, Mönchsgeier, Gänsegeier oder Steinkauz ungestört tummeln.

Leider hat es die Regionalregierung bislang versäumt, in diesem zum Wandern geradezu einladendem Gebiet entsprechende Wege einzurichten. Allerdings ist dringend davon abzuraten, die allenthalben entlang der Straße angelegten Zäune zu übersteigen, und das keineswegs nur aus rechtlichen Gründen. Man könnte nämlich unversehens in ein Weideland für angehende Kampfstiere geraten!

Das Problem des Baus von Wanderwegen in beglückender Natureinsamkeit ist für Spanien sogar vorbildlich gelöst in der Serrania de Cazorla. Dieser nördliche Ausläufer der Betischen Kordillere mit Erhebungen von knapp über zweitausend Metern ist nicht nur das Quellgebiet des Guadalquivir, es ist überdies die einzige größere Waldinsel inmitten einer seit Jahrhunderten gerodeten Kulturlandschaft. Der dichte Grünbewuchs aus Aleppo-, Strand- und Schwarzkiefern bietet den für Zentraleuropäer heimischen Anblick bewaldeter Mittelgebirge, teilweise mit Hochgebirgscharakter, weshalb die Sierra de Cazorla mehr eine Attraktion für die Spanier selbst darstellt als für Touristen aus nördlicheren Regionen Europas.

Coto de Doñana, Pinienwaldgürtel ►

Das Naturparadies um Cazorla wurde 1960 zum staatlichen Jagdschutzgebiet und 1986 zum Naturpark erklärt. Dieser Parque Natural de las Sierras de Cazorla, Segura y las Villas ist mit seinen 214.336 Hektar Gesamtfläche Andalusiens ausgedehntestes Schutzgebiet. Weil es von jeher privilegierte Zone, sprich hochherrschaftliches Jagdgebiet war, war dieses Stück Natur unverfälscht erhalten geblieben. Der große Wildbestand an Dam- und Rotwild, Mufflons und Steinböcken sowie die interessante Vogelwelt mit Greifvögeln aller Art, Felsenschwalben, Blaumeisen und Steinkauz wird ergänzt durch Tausende von Blumen und Pflanzen, darunter nicht wenige endemische Arten. (Der Bartgeier hat hier immerhin bis 1990 überlebt.)

Sierra de Cazorla, Stausee El Tranco de Beas

Ein verheißungsvolles Projekt

Die grandiose Szenerie der Alpujarras ergibt sich aus dem abrupten Abbruch des Hauptkammes der Sierra Nevada nach Süden hin. Auf nur wenigen Kilometern Luftlinie stürzt der Hauptkamm mit seinen 16 über 3.000 Meter Höhe aufragenden Gipfeln jäh in die Tiefe. Zwischen Lanjaron (649 m) und Ugijar (559 m) kommt der Sturz noch einmal zum Halten, um in den vorgelagerten Bergen der Sierra de Lujar (1879 m) und der Sierra de Contraviesa (1544 m) noch einmal beträchtlich anzusteigen. So bilden die Alpujarras ein schon immer schwer zugängliches Hochtal, das durch seine windgeschützte Lage und die kräftige südliche Sonne besonders günstige Lebensbedingungen bot.

Für die in Handwerk und Hortikulturen begabten Mauren waren die Alpujarras das letzte Rückzugsgebiet nach der Eroberung von Granada. Aufgrund der Nichtverlängerung des Toleranzvertrages zwischen den Morisken und Karl V. durch Philipp II. im Jahre 1566 kam es im folgenden Jahr zu schweren maurischen Aufständen. Ihre blutige Niederschlagung bedeutete das endgültige Aus für die letzten ausharrenden Söhne Mohammeds auf spanischem Boden. Massenweise Hinrichtungen, brutale Zwangstaufen oder Auswanderung nach Nordafrika waren die Folge.

Das schwer zugängliche Bergland wurde danach nur noch sporadisch besiedelt. Die letzte Besiedelung erfolgte im 18. Jahrhundert unter Karl III. von Bourbon durch Neusiedler aus Nordspanien, Galizier, Basken und Navarresen. Diese brachten aus ihrer Heimat die Schweinezucht und die Kenntnis der Herstellung von luftgetrocknetem und in Schnee gelagertem Schinken mit. Der *jamon serrano* aus den Alpujarras genoß, neben dem aus der westlichen Sierra Morena, landesweit höchstes Ansehen, besonders jener aus Trevelez, Spaniens höchstgelegenem Dorf. 1920 ließ sich Gerald Brenan, ein englischer Schriftsteller aus dem Bloomsbury-Kreis, in dem Bergdorf Yegen nieder, wo er vierzehn Jahre leben sollte. Wer über das Leben in den Alpujarras detailliert informiert sein will, sollte unbedingt Brenans Klassiker »Südlich von Granada« lesen.

Wegen der großen Nachfrage auf dem Gourmet-Markt haben die Schinkenhersteller von Trevelez im Laufe der Zeit auf »modernere«, sprich ökonomischere Verfahren der Schinkenproduktion umgestellt. Der Ruf der Alpujarra-Schinken begann zu verblassen. Der Absatz der charaktervollen Weine aus der Sierra de Contraviesa ging zurück, da der mangels Werbung geringe Bekanntheitsgrad wenig verkaufsfördernd war. Während die Dörfer und Städte der Ebenen und an der Küste durch raschen Bevölkerungszuwachs aus allen Nähten platzen, ist die Besiedelungsdichte der Alpujarras ständig rückläufig. Im Jahr 1990 allein betrug der alarmierende Bevölkerungsschwund in den Dörfern 2974 Personen.

Las Alpujarras bei Lanjaron

Die Verantwortlichen aber haben das Problem erkannt. 1989 konstituierte sich die Sociedad Cooperativa Nevadensis, die sich um Vorschläge zur Verbesserung der ökonomischen Situation der Bevölkerung der Alpujarras bemüht. Am 8. Mai 1991 legte das IFA (Instituto de Fomento de Andalucia, Anstalt zur Wirtschaftsförderung Andalusiens) in Orjiva den neuen »Plan Integral de Actuacion en la Alpujarra« vor. Er umfaßt alle Lebensbereiche. Zunächst soll der Abwanderung durch gezielte Förderung der einheimischen Wirtschaft gegengesteuert werden. Die Mittel sind kräftige Finanzspritzen der Caja Rural, günstige Kredite, Steuererleichterung und technische Beratung. Das Dorf Lanjaron mit seinen hervorragenden Mineralwassern soll verstärkt als Luftkurort ausgebaut werden. Staatliche Werbung und Finanzhilfen sollen dem Weinanbau in der Sierra de Contraviesa wieder auf die Beine helfen. Das heimische Handwerk, allen voran das Kunsthandwerk, soll gezielt neue Arbeitsplätze schaffen. Ausländische Investoren werden angeworben. Die japanische Monopolfirma zur Herstellung von Ballettschuhen, Chacott International, hat bereits ihre Produktion ins Billiglohngebiet der Alpujarras, nach Pitres, verlegt. Mit dem Siegel »Made in Spain« geht das spezialisierte Schuhwerk von hier in alle Welt.

Eine ganz besondere Rolle im Rahmen des Projekts spielt die Förderung des Tourismus in dieser eindrucksvollen Naturlandschaft. Allerdings sollen hier die anderswo gemachten Fehler des Massentourismus nicht wiederholt werden. Man setzt daher auf den sogenannten »sanften« Tourismus. Die Planer der IFA verstehen darunter Ferien auf dem Bauernhof, Sporturlaub, Wandern, Bergsteigen, geführte Ausflüge zu Fuß oder zu Pferd für botanisch oder zoologisch Interessierte, Abenteuerurlaub – was immer das sein mag – und Reiterferien. Ob das gutgehen wird, bleibt abzuwarten. Die Vorreiterrolle Andalusiens für einen für die Umwelt verträglicheren Tourismus, das neue Bewußtsein für Naturschutz sowie die dafür geeigneten gesetzgeberischen Maßnahmen lassen Schwarzseher allerdings zunächst verstummen. In zehn Jahren sollte man prüfen, was die Pläne konkret erbracht haben. In Bubion jedenfalls hat schon vor vierzehn Jahren ein Madrider Aussteiger mit dieser Art Tourismus ein Zeichen gesetzt. Er bietet mit Erfolg Dreitages-Ritte und einen Neuntages-Trail an. In Andalusien spielt die unvergleichlich reiche Natur des Landes neuerdings wieder eine entscheidende Rolle. Den Alpujarras jedenfalls kann man nur ein waches Auge wünschen für mögliche Entgleisungen und viel Glück für das so ehrgeizige wie löbliche Vorhaben.

Glossar

Abu: Vater
Ajimez: Zwillingsfenster, Bifore
Alberca: Zierteich, Wasserbecken
Alcazaba: Festung, Zitadelle (von *kasbah*)
Alcazar: Festung, Palast (von *kasr*)
Alfarje: Holzdecke mit Flechtwerk in Form von Intarsien oder Kassetten
Alfiz: rechteckige Tür- oder Fensterrahmung
Artesonado: ursprünglich Bezeichnung für trogförmige, reich ornamentierte Holzdecken, später für alle geschnitzten Holzdecken (von *artesa,* Trog)
Ataurique: Rankenwerk aus Stuck
Azulejos: gefärbte und glasierte Keramikplatten mit meist regelmäßigen geometrischen oder pflanzlichen Motiven (von *al zulaich,* kleiner Stein)
Camarin: Rund- oder Polygonalkapelle hinter dem Hauptaltar
Cartuja: Kartause
Cofradia: religiös motivierte Laienbruderschaft
Converso: (zwangs)christianisierter Jude
Copla: Strophe
Coro: für Spanien typische Choranlage im Langhaus vor der Vierung
Custodia: Monstranz oder Sakramentshäuschen
Feria: Messe, Jahrmarkt
Haram: Betraum in der Moschee
Ibn: Sohn
Islam: Unterwerfung (unter Gott), der wahre Glaube
Juderia: Judenviertel
Kalif: Nachfolger Mohammeds als Führer der Rechtgläubigen (von *khalifa,* Stellvertreter)
Lonja: Börse
Maghreb: der islamische Westen (von Mekka bzw. Damaskus aus gesehen)
Malikiten: wichtigste der vier orthodox-sunnitischen Rechtsschulen
Medrese: Koranschule
Mihrab: Nische der Moscheeinnenwand, die im Haram die Gebetsrichtung (nach Mekka) anzeigt
Mimbar: Predigt- und Lesestuhl in der Moschee
Mirador: Aussichtserker oder -turm
Morisco: nach der Reconquista – meist zwangsweise – zum Christentum übergetretener Muslim
Moschee: Ort, Platz des Gebetes (von *maschdschid*)
Mudejar: Muslims, die nach der Reconquista unter christlicher Herrschaft weiter ihren Glauben lebten (von *mudajjan,* die Gezähmten)
Mukarnas: Stalaktitenmotiv in der Architektur (auch Muqarnas)
Muladies: im islamischen Spanien lebende Christen, die Arabisch sprachen und arabische Lebensweise angenommen hatten
Paso: Holzpodeste zum Tragen der großen Prozessionsfiguren
Patio: Hof, Innenhof
Quibla: Gebetsrichtung, auch Wand der Gebetsrichtung
Rambla: ausgetrocknetes Flußbett, später auch breite Flanierstraße
Reconquista: Rückeroberung des arabisch besetzten Teiles der Iberischen Halbinsel durch die Christen (714-1492)
Reja: Gitter, Tür- oder Trenngitter in Kirchen
Retablo: hinter dem Altartisch aufragende Schauwand
Retablo mayor: Hauptaltar
Romeria: Wallfahrt
Saëta: improvisiertes Lob- oder Klagelied, spontan gesungen während der Karwochen-Prozessionen
Sagrario: aus dem Sakramentshäuschen entwickelter Altar zur Ausstellung des Allerheiligsten
Sebka: aus Rautenformen zusammengesetztes Flächenornament der maurischen Kunst
Sierra: Gebirge, Gebirgskette
Sunna: Sitte (des Propheten), d.h. islamisches Leben nach dem Recht und Vorbild Mohammeds
Taifas: islamische Kleinkönigreiche in Spanien
Vega: fruchtbare Ebene
Yeseria: aus Stalaktitformen gebildetes Stuckwerk

Literaturempfehlungen

(Aufgenommen wurden nur deutschsprachige Titel)

Andalusien, (dtv-Merian), München 1989

Andalusien, Merian-Heft 12 (XLIII/C)

Andalusische Ansichten, in »Reihe Andalusien«, Kassel 1990

Stefana Bianca, *Hofhaus und Paradiesgarten,* München 1991

Gerald Brenan, *Südlich von Granada,* in »Reihe Andalusien«, Kassel 1990

Michael Brett/Werner Forman, *Die Mauren,* Luzern und Herrsching 1986

Hans-Peter Burmeister, *Andalusien,* Köln 1991

Roberto Cabo, *Spanien* (BLV-Reiseführer Natur), München 1991

Christoph Columbus, *Das Bordbuch,* Basel und Tübingen 1970

Antonio Bonet Correa, *Barock in Andalusien,* Herrsching 1982

Heinrich Gerhard Franz, *Palast, Moschee und Wüstenschloß,* Graz 1984

Oleg Grabar, *Die Entstehung der islamischen Kunst,* Köln 1977

Oleg Grabar, *Die Alhambra,* Köln 1981

Jules Grécy, *Die Alhambra zu Granada,* Worms 1990

Gisela Haberkamp de Anton, *Eßdolmetscher Spanien,* München 1991

Washington Irving, *Die Alhambra,* Barcelona 1985

Gerhard Kapitzke, *Südspanien für Pferdefreunde,* Köln 1984

Richard Konetzke, *Das spanische Weltreich,* München 1943

Ernst Kühnel, *Maurische Kunst,* Berlin 1924

Federico García Lorca, *Cante Jondo,* Frankfurt/M. 1967

Alfonso Lowe, *Südspanien,* München 1972

Jacques de Mahieu, *Wer entdeckte Amerika?,* Tübingen 1977

Nabil Osman, *Kleines Lexikon deutscher Wörter arabischer Herkunft,* München 1982

Hellmut Sichtermann, *Funde in Spanien,* Göttingen 1977

Gereon Sievernich/Hendrik Budde (Hg.), *Europa und Orient,* Berlin 1989

Juan Vernet, *Die spanisch-arabische Kultur in Orient und Okzident,* Zürich und München 1984

Ulya Vogt-Göknil, *Frühislamische Bogenwände,* Graz 1982

Inhaltsverzeichnis

Titel:
Andalusien. Näherungen an ein altes, Fragmente über ein erwachendes Land.

Autor: Rolf Legler
Gestaltung: Prof. Hans Fick
Lektorat: Karl-Heinz Ludwig
Satz: Typo Tausend, Nürnberg
Litho: Reprotechnik Staudacher, Nürnberg
Druck: Ulrich Druck, Fürth

Bildnachweis:
Alle Aufnahmen stammen von Rolf Legler mit Ausnahme folgender Abbildungen:
S. 5 Thomas Weil, München
S. 7 White Star, Hamburg
S. 20
aus: La Antiguedad, in: Introducción al Arte Español, S. 33, Silex Ediciones, Madrid 1990.
S. 21 ebenda, S. 34
S. 25
aus: Tierras de España, vol. I Andalucía, S. 171, Fundacion Juan March, Madrid 1980.
S. 42 links
aus: Oleg Grabar, Die Entstehung der Islamischen Kunst, Abb. 26. DuMont Buchverlag, Köln 1977.
S. 42 rechts
aus: Ulya Vogt-Göknil, Frühislamische Bogenwände, Abb. 105, 106, 107, Akademische Druck- und Verlagsanstalt, Graz 1982.
S. 70/71 IFA Bilderteam/Ostgathe
S. 76
aus: Rolf Legler, Italienische Riviera, Abb. 55, DuMont Buchverlag, Köln 1985.
S. 79 Peter Christopher
aus: Columbus: For God & Glory, a Droemer Knaur/Madison Press Book, 1992
S. 82/83 Bayerische Staatsbibliothek, München
S. 94 L. Dominguez/Museo de Bellas Artes, Madrid
S. 96 Joachim Blauel/Artothek, Peissenberg
S. 97 White Star, Hamburg
S. 99 Fridmar Damm
S. 109 Franz Frei
S. 110, 113 und 114 White Star, Hamburg
S. 116 Peter Legler
S. 124 und 125 Franz Frei
S. 127 Jörg Steinert/White Star, Hamburg
S. 132 Franz Frei
S. 133 C. Bentely, Gibraltar, Kupferstich, Privatbesitz Rolf Legler
S. 137 Franz Frei

ISBN 3-922619-17-7